BUFFON

DES PETITS ENFANTS

3ᵉ SÉRIE IN-18.

BUFFON

DES

PETITS ENFANTS

AVEC GRAVURES.

LIMOGES

EUGÈNE ARDANT ET Cᵗᵉ, ÉDITEURS.

LE
PETIT BUFFON
DES ENFANTS.

L'ANE.

CET animal est d'une grande utilité à la campagne et au moulin. Il est assez fort pour porter des fardeaux considérables : il mange peu, et n'est point délicat sur la qualité de la nourriture.

Malgré son utilité, l'Ane est un objet de mépris, parce qu'il est lent, indocile et têtu.

LE CHIEN.

Outre la force, la vitesse et la légèreté, le Chien a par excellence toutes les qualités intérieures qui peuvent fixer les regards de l'homme. Son courage et son ardeur cèdent au désir de plaire et au plaisir de s'attacher. Avant de faire usage de son talent, il attend avec soumission le commandement de son maître.

Sans avoir, comme l'homme, la lumière de la pensée, il a toute la chaleur du sentiment et toute la pureté des affections. Plus sensible au souvenir des bienfaits qu'à celui des outrages, il ne se rebute pas par les mauvais traitements, et loin de s'irriter ou de fuir, il s'expose lui-même à de nouvelles épreuves. pour désarmer, par la patience, la main qui vient de le frapper.

Il fallait à l'homme ce compagnon fidèle, dour soumettre des animaux plus agiles et plus forts que lui, qui l'environnent.

Mille exemples prouvent l'attachement et la sagacité de cet animal. Un homme déguisé d'une manière ridicule, un jour de carnaval, fut mordu par son Chien, qui d'abord ne le reconnut pas. Revenu de son erreur, le pauvre animal alla se cacher au fond d'un cellier où il mourut de douleur, quelques caresses que lui fit son maître pour le déterminer à revenir.

Le trait suivant est arrivé de nos jours. Un habitant de Valenciennes meurt ; son Chien suit le convoi et reste sur la tombe de son maître. Au bout de quinze jours, sa constance fit naître à des jeunes gens le projet de construire une cabane à ce gardien fidèle. Il y passa neuf ans sans s'écarter de plus de douze ou quinze pas du poste que son cœur lui avait assigné.

LE LOUP.

Le Loup serait redoutable s'il avait autant de courage que de force ; mais il faut que la faim le presse pour qu'il s'expose au danger Cet animal carnassier vit de chasse et de rapine ; comme il est lourd et poltron, la plupart des animaux qu'il poursuit, lui échappent. Quelquefois le besoin lui inspire des ruses ; mais lorsqu'elles ne réussissent pas, il meurt de faim et souvent enragé.

Ennemis de toute société, s'il se réunit à

ceux de son espèce, ce n'est que pour les rendre complices des meurtres qu'il ne pourrait
exécuter seul ; la malheureuse proie une fois
partagée, chacun se retire en grondant et d'un
air sombre, comme si le remords l'accompa-
gnait. Ce proverbe : les loups ne se mangent
pas, manque d'exactitude : car quand un loup
blessé perd son sang, les loups voisins, souvent
ses frères, attirés par l'odeur, le poursuivent,
l'attaquent et le dévorent. Ces animaux sont
en tout le symbole des méchants. qui, après
avoir fait la guerre aux bons et aux faibles,
finissent par s'entre-détruire.

Le Loup peut rester plusieurs jours sans
manger, pourvu qu'il trouve à boire. La longueur entière de son corps est d'environ
trois pieds et demi. Il a les sens et surtout
l'odorat excellents.

On trouve des loups en Europe, en Asie,
en Afrique, et même en Amérique ; ils sont

plus ou moins gros dans ces différentes contrées, et leur couleur, ordinairement fauve,
varie depuis le blond jusqu'au noir.

LE CHAT.

Le Chat est d'un caractère tout opposé à
celui du Chien. Il se familiarise, mais il ne
s'attache point. Tout chez lui est fausseté et
perfidie. L'éducation peut déguiser ses défauts,
mais ils n'en sont que plus odieux sous le mas-
que de l'hypocrisie. C'est un ennemi domestique avec lequel on vit, pour l'opposer à un
autre ennemi plus incommode.

Cet animal est propre, léger et joli. Naturellement porté à la destruction et à la rapine,
il n'emploie que la surprise pour se rendre
maître de sa proie, et la met à mort sans
nécessité, sans être pressé par la faim.

LE RENARD.

Ce que le Loup fait par la force, le Renard
le fait par la ruse, et réussit mieux ; mais sa

finesse est toujours accompagnée de bassesse et de méchanceté. Il commence par creuser à l'entrée d'un bois une demeure souterraine, pour se mettre en sûreté avec sa famille. De-là il entend les coqs des villages voisins, et dirigé par leurs voix, il vient la nuit rôder doucement autour des basses-cours. S'il peut pénétrer dans un poulailler, il met toutes les volailles à mort, et les emporte les unes après les autres dans son terrier. Son adresse est telle qu'il surprend les oiseaux qui voltigent le long des haies.

Cet animal vorace détruit les lapereaux, les levraux, saisit même quelquefois les lièvres au gîte. Quand il trouve une caille ou une perdrix sur ses œufs, il mange la mère et les enfants à naître.

Pressé par la faim, il dévore des mulots, des grenouilles ; il se nourrit aussi d'insectes, de fruits et de miel.

Sa peau mue quand il est pris jeune, ou pendant l'été. En France il est ordinairement de couleur rousse, avec la gorge mêlée de blanc et de noir; mais on connaît, dans le Nord, le Renard blanc, le noir, le bleu, le gris de toutes nuances, le blanc à pieds fauves, le blanc à tête noire, etc. Sa longueur moyenne est de deux pieds trois pouces.

L'ÉCUREUIL.

L'Écureuil a les mœurs douces, et quoiqu'il saisisse quelquefois les petits oiseaux qui se trouvent à sa portée, il ne vit pas communément de chair. La noisette, le gland, la faine et autres fruits sauvages sont sa nourriture ordinaire. Aussi propre qu'il est agile, se fait un ornement de sa large queue qu'il relève sur son corps et sur sa tête en forme de panache. Quand il est obligé de passer l'eau, cette même queue sert de voile et de gouvernail, pour diriger une écorce d'arbre, qui forme comme un vaisseau.

Toujours en l'air, il ressemble aux oiseaux

par la légèreté. Au moyen de ses ongles qui sont très-aigus, il grimpe sur l'écorce la plus lisse, et parcourt les forêts en sautant lestement d'un arbre sur l'autre. Comme il n'est qu'à demi sauvage, il semble aussi n'être quadrupède (1) qu'à demi. Assis sur les pieds de derrière et presque debout, il se sert de ceux de devant comme de mains pour porter à sa bouche.

Un petit grognement d'un ton aigu est le signe de son mécontentement.

L'Écureuil semble craindre le soleil, et ne quitte sa demeure que le soir, pour prendre de la nourriture ou pour jouer. Il construit son nid sur l'enfourchure d'une branche dans les plus hautes futaies, et lui donne assez d'espace et de solidité pour s'y loger avec sa famille à naître. La femelle met bas au printemps trois ou quatre petits. Cet animal est beaucoup plus nombreux dans le nord que dans tout autre climat. On fait des pinceaux avec le poil de sa queue.

(1) Quadrupède, animal à quatre pieds.

LE CHAMOIS.

Le Chamois, que l'on nomme aussi Ysar, est plus grand que la chèvre, et ressemble beaucoup au cerf pour la forme du corps. De chaque côté de sa face sont deux bandes de

poil noir qui tranchent sur un fauve blanchâtre. Cet animal porte en hiver une double
fourrure, comme presque tous les animaux du
nord, et sa couleur varie suivant la saison,
depuis le gris cendré jusqu'au brun noirâtre.
Le mâle et la femelle ont deux cornes longues
de six ou neuf pouces, placées fort avant,
droites jusqu'à certaine hauteur, et recourbées
en arrière à la pointe. Ces cornes ne tombent
jamais ; elles croissent chaque année d'un
anneau, comme il arrive à tous les animaux
de l'espèce de chèvres.

Le Chamois habite les montagnes les plus
escarpées : ses jambes, longues et nerveuses,
lui donnent la facilité de franchir les précipi-
ces, et de s'élancer avec une extrême légèreté
de rochers en rochers par-dessus des abîmes
profonds. Sa voix est un bêlement qui approche de celui d'une chèvre enrouée ; mais lors-

qu'il est surpris ou effrayé, il fait entendr
un sifflement très aigu. Il se nourrit de fleurs
de bourgeons tendres des arbrisseaux, et surtout des plantes les plus aromatiques. On
l'habitue aisément à la vie domestique, quand
on le prend jeune.

LA CHAUVE-SOURIS.

La Chauve-souris n'a de commun avec les
oiseaux, que la faculté de voler. Ses ailes ne
sont autre chose que de larges membranes qui
séparent les ongles prolongés des pattes de
devant. Les moucherons, les cousins, et surtout les papillons de nuit lui servent de nourriture : elle mange aussi de la viande crue ou
cuite, fraîche ou corrompue.

La femelle fait, en été, un ou deux petits
qu'elle allaite et qu'elle transporte en volant.

Aux approches de l'hiver, les Chauve-souris se retirent dans des réduits sombres et
chauds, où elles restent jusqu'au printemps
dans un engourdissement dont la cause est leur
peu de chaleur intérieure. Les unes s'accro-

chent par les pieds à la voûte de leur domi-
cile, et restent ainsi suspendues la tête en bas,
et couvertes de leurs ailes comme d'un man-
teau ; les autres se collent contre les murailles,
ou s'enfoncent dans des trous.

On distingue plusieurs espèces de Chauve-
souris : la plus remarquable est l'Oreillar, ainsi
nommée à cause de la grandeur démesurée
de ses oreilles.

LA SOURIS.

Si la souris n'était pas aussi nuisible, son
air vif et ses mœurs douces nous la feraient
trouver agréable. Son instinct est le même
que celui du rat ; mais à la moindre alerte,
elle rentre dans son trou, au lieu que le rat
tient quelquefois ferme et n'est pas toujours
attaqué impunément. Sa petitesse et son agilité
sont les seules ressources qu'elle ait contre les
nombreux ennemis qui la guettent et la poursuivent continuellement. Les souris produisent
plusieurs fois l'année, et dans toutes les sai-

sons : leurs petits, au nombre de cinq ou six à chaque portée, sont assez forts, au bout de quinze jours, pour se disperser et aller chercher de quoi vivre.

Un si prompt accroissement prouve que leur vie n'est pas de durée.

Ce petit animal suit ordinairement l'homme, parce qu'il se nourrit des aliments que l'homme prépare. Il est naturel à l'Europe, à l'Asie et à l'Afrique ; mais on prétend qu'il n'existait point en Amérique.

LE RAT.

Cet animal incommode se nourrit de tout : grains, chair, laine, étoffes, meubles, tout est de son goût ; il perce même le bois et les murs pour s'y nicher et y faire son magasin. Sa fécondité est extrême : il produit plusieurs fois par an, et toujours en grand nombre. La mère défend ses petits avec courage, en se battant contre les chats, à moins qu'ils ne soient vigoureux et aguerris.

Si quelquefois on voit une multitude de Rats

disparaître tout-à-coup, c'est que la disette les obligeant à se détruire, ils se font une guerre cruelle qui ne finit que par la destruction presque totale des individus. La lettre suivante, écrite en 1757, par un officier de marine, observateur judicieux, prouve que ces animaux, malgré leur cruauté, sont quelquefois des modèles de tendresse filiale.

« J'étais ce matin dans mon lit occupé à lire. J'ai été interrompu par un bruit semblable à celui que font les rats qui grimpent contre une cloison. J'ai observé attentivement ; j'ai vu paraître un Rat sur le bord d'un trou ; il a regardé de tous côtés, ensuite s'est retiré ; un moment après il a reparu, il conduisait par l'oreille un Rat plus gros que lui, et qui paraissait vieux. L'ayant laissé sur le bord du trou, un autre jeune Rat s'est joint à lui : ils ont tous deux parcouru la chambre, ramassant les miettes de biscuit qui étaient tombées de la table au souper de la veille ; ils les ont portées à celui qui était sur le bord du trou. Cette attention m'a étonné. J'ai observé encore avec plus de soin. J'ai jugé que le Rat auquel les deux autres portaient à manger était aveugle, parce qu'il ne trouvait qu'en tâtonnant le biscuit qu'on lui présentait. Je n'ai point douté que les deux jeunes ne fussent les pourvoyeurs assidus d'un père affligé.. Tandis que j'admirais la nature et que je faisais des réflexions, on a ouvert la porte de ma chambre : les deux jeunes Rats ont fait un cri comme pour avertir l'aveugle, et malgré leur frayeur, ils n'ont voulu se sauver que quand le vieux a été en sûreté. »

On trouve des Rats de toutes nuances, depuis le brun noirâtre, jusqu'au blanc parfait. Ces animaux ont été transportés sur les navires en Asie et en Amérique, où ils n'existaient pas : ils paraissaient être originaires des climats tempérés de notre continent.

LE HÉRISSON.

Le Hérisson est un animal innocent et paisible, qui ne fait usage de ses armes que contre ses ennemis. Lorsqu'on l'attaque, il se roule en boule, et présente de tous côtés les pointes dont il est hérissé. C'est là son unique défense, car il ne sait ni fuir ni combattre. Pour l'obliger à s'étendre, on le plonge dans l'eau.

Loin de nuire dans un jardin, il y mange les vers et les autres insectes. Il se tient ou au pied des arbres dans la mousse, ou sous des monceaux de pierres. On ne le voit pas de tout le jour : mais il marche la nuit. Son engourdissement pendant l'hiver, a la même cause que celui de la Chauve-souris.

Cet animal a les yeux petits, les oreilles larges et courtes. On remarque entre ses épines quelques poils rudes de la nature des soies de cochon : ceux dont son ventre est couvert, sont plus doux, rares et crépus. Sa peau servait autrefois de vergette ou de frottoir, ou de peigne pour sérancer le chanvre. La femelle produit, au commencement de l'été, quatre ou cinq petits sur lesquels on ne voit encore que la naissance des épines. Leur couleur blanche se change, à mesure qu'ils croissent, en un gris sale et foncé.

Le Hérisson est assez généralement répandu, excepté dans les pays les plus froids.

LE LION.

Le Lion est le plus fort et le plus terrible des animaux. Il a la tête grosse et charnue, le nez long, large et ouvert, le front carré et comme sillonné de rides profondes, surtout lorsqu'il est en fureur, les yeux vifs et perçants, et les sourcils épais. Chacune de ses mâchoires est garnie de quatorze dents, et sa langue est couverte de pointes aussi dure que la corne.

Une longue et rude crinière, qui devient plus belle avec l'âge, ombrage sa tête et son cou. Il a les jambes courtes et osseuses, les pieds gros et larges. Ceux de devant sont divisés en cinq griffes bien articulées. Ceux de derrière en quatre, toutes armées d'ongles forts et pointus. Sa queue, longue d'environ quatre pieds est extrêmement souple, est couverte d'un poil court jusqu'à l'extrémité qui se termine en touffes : l'animal s'en sert pour terrasser et briser l'ennemi qu'il peut atteindre.

Le rugissement du Lion est sa voix ordinaire : il est effrayant. C'est une espèce de grondement d'un ton grave, mêlé d'un frémissement aigu ; mais le cri qui exprime sa colère est plus terrible encore. Ce cri est court et réitéré subitement. Alors il se bat les flancs avec sa queue, il en frappe la terre, dresse sa crinière, et montre ses dents menaçantes et sa langue armée de pointes.

Sa plus grande taille est d'environ six pieds de longueur sur quatre de hauteur. La femelle, plus petite dans toutes ses dimensions, ne porte point de crinière. Ses traits moins prononcés ou plutôt radoucis, indiquent des inclinations plus douces. Sa force est dans l'amour maternel. Dès qu'elle a des petits, elle ne connaît plus de danger, elle se jette indifféremment sur les hommes et sur les animaux, quel que soit leur nombre.

Le moyen de se débarrasser d'une Lionne, lorsqu'on est surpris à lui enlever ses lionteaux, est de lui en abandonner un, qu'elle court aussitôt porter à sa caverne.

Le Lion n'attaque que par nécessité. Sa voracité finit où ses besoins cessent. On connaît ses différentes affections aux mouvements de sa queue. Si la faim le presse, il tombe indifféremment sur tout ce qui se présente, et la résistance ne fait qu'augmenter sa rage ; aussi est-il fort dangereux de le blesser sans l'abattre.

Il arrive assez souvent aux peuples de l'Asie et de l'Afrique, où les Lions se trouvent en abondance, de rencontrer de ces animaux dans leurs chasses. Alors leurs chevaux, quoique très-vifs, sont saisis d'une terreur si subite, qu'ils deviennent immobiles, et les chiens se tiennent rampants auprès de leurs maîtres. Le meilleur expédient pour le cavalier, est de descendre, et d'abandonner une proie qu'il ne peut défendre. Si par une rencontre imprévue, on se trouvait trop près et qu'on n'eût pas le temps d'allumer du feu pour effrayer cet animal, l'unique parti à prendre, serait de

se coucher par terre dans un profond silence.
Lorsque le Lion n'est pas tourmenté par la
faim, il passe gravement, comme s'il était satis-
fait des marques de respect qu'on lui donne.
Les Nègres creusent, pour prendre les Lions,
de grandes fosses qu'ils couvrent de branches
et de feuillages, et sur lesquelles ils mettent
une pièce de chair pour amorce. La durée de
la vie d'un Lion est d'environ vingt-cinq ans.
Sa nourriture dans les forêts, sont les gazelles
et les singes. Il les attend plus souvent qu'il
ne les poursuit, quoique son agilité soit égale
à sa force. Un bon repas lui suffit pour trois
jours ; mais il boit toutes les fois qu'il trouve de
l'eau. La Lionne met bas au printemps, et ne
produit qu'une fois l'année.

Le Lion pris jeune peut s'apprivoiser et
même s'attacher à ceux qui le soignent. A
quelque extrémité qu'il soit réduit, il est rare
qu'il tourne sa colère contre son bienfaiteur :
mais il conserve long-temps le souvenir des
injures, et paraît en méditer vengeance :
l'histoire nous parle des Lions conduits à la
guerre ou menés à la chasse, et qui, fidèles
à leurs maîtres, ne déployaient leur force et
leur courage que contre ses ennemis. A Rome,
on en vit d'attelés à des chars. Parmi une
foule d'exemples touchans, nous choisirons
ceux de la Lionne du fort Saint-Louis, en
Afrique.

Une belle Lionne que l'on gardait enchaînée pour l'envoyer en France, fut atteinte d'un mal violent à la mâchoire qui la priva de la faculté de manger : comme on désespérait de sa guérison, on lui ôta sa chaîne, et on jeta le corps dans un champ voisin. Ses yeux étaient fermés, et sa gueule ouverte était déjà remplie de fourmis, lorsqu'un Français, nommé Compagnon, l'aperçut en revenant de la chasse. Compagnon, croyant de trouver quelque reste de vie dans ce pauvre animal, lui lava le gosier avec de l'eau, et lui fit avaler un peu de lait. Un remède si simple eut des effets merveilleux. La Lionne fut reportée au fort ; on en prit tant de soins qu'elle se rétablit par degrés. N'oubliant jamais à qui elle était redevable d'un si grand service, elle conçut une telle affection pour son bienfaiteur, qu'elle ne voulut rien prendre que de sa main ; et lorsqu'elle fut tout-à-fait guérie, elle le suivait dans l'île, avec un cordon au cou, comme le chien le plus familier. Tel est le pouvoir des bienfaits sur les caractères même les plus farouches.

Le Lion que l'on voit dans la ménagerie attenante au jardin des plantes à Paris, fut pris très-jeune en Afrique, et élevé dans le pays avec un chien de son âge. Au bout de quelque temps, ces deux animaux furent envoyés en France. Il arrivèrent à Versailles en septembre 1788 : on les enferma dans la même loge. Ils avait alors sept à huit mois. Libres dans la maison de leur maître, se nourrissant des restes de sa table, et partageant également ses caresses, ces animaux d'une espèce différente et d'un caractère si opposé, s'étaient liés d'une affection mutuelle.

A son arrivée en France, le Lion rendait, comme son ami, caresses pour caresses : on ne craignait point de l'approcher ; mais aigri sans doute par sa captivité, sa férocité naturelle ne tarda pas à se montrer, et se développa entièrement avec l'âge. Fidèle à ceux qui le soignaient, il ne cessa point cependant de leur témoigner sa reconnaissance. La dentition qui avait fait périr tous les lionceaux qui avaient été conduits à la ménagerie de Versailles, n'eut pas pour celui-ci des suites fâcheuses ; mais il éprouva bientôt un autre accident : une épine lui entrait dans les chairs, et l'aurait fait mourir, si on ne l'eût opéré : la griffe fut coupée, le pus en sortit, et l'animal guérit. Il supporta cette opération avec assez de docilité. Son transport à la ménagerie de Paris, qui s'effectua au commencement du printemps, n'éprouva pas plus de difficulté. On le mit dans une cage destinée à changer de loge les animaux ; son chien attaché à un des barreaux le suivait dans la même voiture : la même prison les reçut à leur arrivée.

C'est là qu'on voit ce bel animal dans la plénitude de sa force et de sa vigueur. Parvenu à sa septième année, il a acquis toute sa croissance. Malgré sa longue captivité, sa fi-

gure est toujours imposante, et son regard fier
et étincelant. Du fond de sa prison, il semble
encore commander à tout ce qui l'approche.

Sa taille tient le milieu entre celle de la
moyenne et de la grande espèce des Lions ;
elle a six pieds et demi de longueur, sur trois
pieds deux pouces de hauteur. Une crinière
épaisse couvre sa tête et la partie inférieure
de son corps, qui est tout nerf et tout muscle.
La couleur de sa robe, d'un fauve ardent sur
un fond obscur, donne encore plus de feu à
l'expression de ses traits et de ses mouvements;
mais à travers cette expression terrible se peint
la sensibilité d'un caractère cultivé par les bienfaits, et adouci par les jouissances de l'amitié :
sa nourriture actuelle est la viande de cheval :
on lui en donne environ quinze livres pas jour ;
il la prend entre ses griffes, la déchire avec
ses dents, la suce et l'avale sans la mâcher.

Deux fois le jour, pour l'ordinaire le matin
et le soir, sa voix tonnante se fait entendre, et
il semble alors ne vouloir que donner un exercice salutaire à ses poumons. Rarement il rugit
dans d'autres temps, à moins qu'il ne soit provoqué par des cris. Si le ciel se couvre de nua-
ges, il rugit plusieurs fois, et ces rugissements
précèdent la tempête : quand elle éclate, il se
tait. La même observation a été faite par les
voyageurs qui ont parcouru l'Afrique.

Nous l'avons vu prodiguer à son chien les
plus tendres caresses : celui-ci les recevait et

les rendait sans crainte, comme sans défiance
Sa gaieté naturelle, son air franc et ouvert
tempéraient l'humeur grave et sérieuse du
plus terrible des animaux.

Souvent il se jetait sur sa crinière et lui
mordait les oreilles en jouant ; le Lion bais-
sait la tête pour se prêter à ses jeux ; quelquefois à son tour, il se mettait sur le dos, les
pattes en l'air, pour l'inviter à jouer, et l
serrait entre ses pattes : la foule qui l'entou-
rait, les objets nouveaux qui passaient sans
cesse devant ses yeux, rien ne pouvait le dis-
traire de la société de son chien. Cherchait-il
le repos ? c'était à ses côtés qu'il aimait à dor-
mir ; à son réveil, c'était encore lui qu'il vou-
lait revoir. Les repas seuls suspendaient un
moment cette intimité. Alors chacun s'écartait
pour recevoir sa portion, et nul n'osait porter atteinte à la propriété de l'autre, pas même
la convoiter des yeux.

Une paix si touchante était cependant trou-
blée quelquefois par ceux même qui venaient
en jouir, et qui auraient dû la respecter. Des
morceaux de pain jetés à travers les barreaux
de la loge, devenaient un sujet de discorde :
le chien s'en emparait avec une extrême viva-
cité ; et si le Lion faisait un mouvement, il
se jetait sur lui, et le mordait à la tête, au point
d'en faire couler le sang ; le Lion alors se con-
tentait d'écarter avec sa patte son injuste ami.
Au reste, ces orages n'étaient que passagers :

le Lion se livrait rarement à la colère, et le chien revenait bientôt de ses emportements.

Depuis quelques mois le chien est mort d'une galle qu'il avait contractée en couchant le dos appuyé contre un mur humide, et dont on s'est aperçu trop tard. Dans les premiers instants de sa douleur, le Lion a poussé de sombres rugissements, puis il est tombé dans une profonde tristesse. Pour lui donner le change on a choisi un autre chien de la même taille et de la même couleur que le premier, qu'on a essayé de lui faire adopter ; mais ce chien, à peine introduit dans la loge, a été étranglé avec fureur. De nouvelles tentatives auraient été également infructueuses. Ce n'était pas un chien que le Lion regrettait, c'était un ami. Le temps qui efface tout, a calmé sa douleur et lui a rendu la santé et les forces ; mais il n'a pu anéantir ses regrets. Encore à présent, le sentiment de sa perte se renouvelle et s'aigrit à la vue d'un chien qui passe, et il ne redevient paisible que lorsque cette image douloureuse a disparu.

L'OURS.

L'Ours est non-seulement sauvage, mais solitaire : les lieux inhabités sont les seuls où il se trouve à son aise. Il se retire dans des cavernes et dans des arbres creux, où il se construit.

avec des branches et de la terre, une espèce
de cabane, qu'il sait rendre impénétrable à
la pluie.

Cet animal a les oreilles courtes, la peau
épaisse, et le poil fort touffu. Ses jambes et ses
bras sont charnus comme ceux de l'homme. Il
frappe, comme l'homme, avec ses poings ;
mais cette ressemblance grossière ne sert qu'à
le rendre plus difforme. En automne il est
excessivement gras ; mais comme il se recèle
environ pendant quarante jours, sans s'en-
gourdir, durant la saison la plus rude, et qu'il
passe tout ce temps sans manger, il est fort
maigre à la fin de l'hiver. Quoique trop grasse,
sa chair est mangeable. Celle de l'ourson est
délicate, et sa graisse est aussi douce que le
meilleur beurre. La voix de l'Ours est un murmure souvent mêlé d'un frémissement de dents,
qu'il fait surtout entendre lorsqu'on l'irrite.
Quoiqu'il paraisse doux pour son maître, et
même obéissant, quand il est apprivoisé, il

faut toujours s'en défier. On lui apprend à se tenir debout, à gesticuler, à danser : il semble même écouter le son des instruments et suivre grossièrement la mesure ; mais pour lui donner cette espèce d'éducation, il faut le prendre jeune. La femelle produit en hiver deux, trois et même quatre petits. De toutes les fourrures grossières, la peau de cet animal est celle qui a le plus de prix.

On connaît trois espèces d'Ours : l'Ours brun ou roux est carnassier et féroce. On le trouve dans tous les climats de l'ancien continent. L'Ours noir, qui est le plus grand de tous, n'est que farouche, et refuse de manger de la chair. L'Ours blanc terrestre, dont les mœurs n'ont point encore été trop observées, se trouve en Moscovie, en Tartarie, et dans d'autres contrées septentrionales.

L'Ours marin, qui est blanc aussi, ne quitte pas les rivages. Souvent même il habite en pleine mer sur des glaçons flottants. Il se nourrit de poissons.

LE TIGRE.

Le Tigre n'est pas aussi fort que le Lion, mais il est plus à craindre, parce qu'il est féroce. Qu'il soit rassasié ou à jeun, il n'épargne aucun animal, et ne quitte une proie que pour en égorger une autre et se plonger de nouveau la tête dans le sang. Heureusement

l'espèce n'en est pas nombreuse : elle est con-
finée dans les parties les plus brûlantes de l'A-
frique et de l'Asie. La femelle produit comme
la lionne, quatre ou cinq petits ; elle est alors
encore plus furieuse que le mâle, et sa rage
n'a point de borne lorsqu'on les lui ravit.

La nature du Tigre est indomptable. Dans
la captivité, il déchire la main qui le nourrit,
comme celle qui le frappe. Son rugissement
est sourd et comme engouffré. On peut s'en
former une idée par le grondement du chat,
lorsqu'il tient sa proie. Le Tigre ordinaire est
de la taille d'un grand lévrier. Tous ses mouvements sont vifs et agiles. Il a la tête semblable à celle du chat, les yeux jaunes et féro-
ces, le regard malin, les dents pointues et la
langue extrêmement rude. Sa peau, marquée
de larges bandes noires sur un fond fauve,
qui commencent sur le dos et se rejoignent
sous le ventre, offre un coup-d'œil agréable.
Son poil est doux et luisant; celui qui couvre

sa longue queue, est fort court. Ses jambes sont courtes, mais souples et fortes. Il peut, comme le chat, retirer et cacher les ongles dont ses pieds sont armés.

Les Tigres de la grande espèce, qui sont très-rares, ont quelquefois jusqu'à dix pieds de longueur, sans y comprendre la queue. Ils sont si forts, que quand ils ont mis à mort quelque grand animal, comme un buffle, un cheval, ils l'emportent avec tant de vitesse, que leur course n'en paraît pas ralentie.

On voit un jeune Tigre empaillé dans le muséum d'hitoire naturelle de Paris.

LA PANTHÈRE.

La Panthère ressemble pour la tournure à un dogue de forte race, excepté qu'elle est plus basse de jambes. Elle a le regard cruel, les mouvements brusques, et l'air inquiet. Sa langue est rude, et ses mâchoires sont armées de dents fortes et aiguës. Sa peau fauve sur le dos et blanchâtre sous le ventre, est parsemée de grandes taches noires circulaires ou ovales, bien séparées les unes des autres. Ces taches sont pleines sur la tête, la poitrine, le ventre, les jambes et la base de la queue ; sur le dos elles sont évidées dans le milieu, ou remplies d'une ou de plus eurs petites marques noires qui en occupent le centre. La queue, longue d'environ deux pieds et demi, est couverte à son extrémité d'anneaux alternativement noirs et blancs.

Cet animal ne se trouve que dans les contrées les plus chaudes de l'Asie et de l'Afrique. Il habite les forêts touffues, et s'approche des habitations isolées pour surprendre les animaux ; mais rarement il attaque l'homme. Malgré sa férocité, on le dompte et on le dresse pour la chasse.

LE LÉOPARD.

Le Léopard tient le milieu, pour la grandeur, entre l'ours et la panthère, ayant à-peu-près quatre pieds de longueur, et sa queue deux pieds et demi. Quoiqu'il soit sujet à varie pour la couleur, on peut dire en général, qu'il est d'un fauve plus ou moins foncé, avec le ventre blanchâtre : ses taches sont en cercle, comme celles de la panthère, mais plus petites,

plus irrégulières, et assez communément for-
mées de cinq ou six petites taches pleines.

Cet animal attaque indifféremment les hommes et les animaux, et désole le pays qu'il
habite. Il ne paraît pas qu'on ait jamais pu le
dompter ni le dresser pour la chasse. Son regard est cruel, ses yeux sont dans un mouvement continuel. Il a les dents très-fortes et
les ongles aigus et tranchants. On le trouve
dans les mêmes contrées que le tigre et la pan-
hère. Quoiqu'il multiplie beaucoup, l'espèce
n'en est pas nombreuse, parce qu'elle a le
tigre pour ennemi.

LE LINX.

Le Linx, que l'on nomme aussi loup-cer-
vier, parce que son hurlement approche de
celui du loup, et qu'il est marqué de taches
qui ressemblent à celles des jeunes cerfs, a la

forme et les habitudes du chat. Il se trouve dans les parties septentrionales de l'un et de l'autre continent. Sa couleur est un fauve clair, avec des taches noirâtres mal terminées, mais mieux marquées dans le mâle que dans la femelle. Il a la taille du renard, la queue très-courte. le poil long et doux, les oreilles grandes, avec un pinceau de poils noirs à l'extrémité, et l'œil si perçant, qu'on le cite comme proverbe. Cet animal se tient sur les arbres, donne la chasse aux écureuils, aux chats sauvages, aux martres, aux oiseaux, et se précipite sur le chevreuil, le lièvre et les autres animaux qui passent à sa portée.

L'ÉLÉPHANT.

L'Éléphant surpasse en grosseur tous les quadrupèdes connus. Sa tête est monstrueuse, ses oreilles son longues, larges et épaisses. Ses yeux, quoique grands, paraissent petits, pro-

portionnellement au reste du corps ; mais ils
sont vifs et spirituels. Son nez, qu'on appelle
trompe, est une espèce de tuyau flexible en
tous les sens, et assez long pour toucher à terre. C'est avec le rebord de cette trompe, qui
forme comme un doigt, qu'il peut saisir les
choses les plus petites, dénouer des cordes,
déboucher des bouteilles, etc., faire en un mot
tout ce qu'on fait avec la main. Ce même instrument, quand il en élargit l'extrémité, lui
sert à embrasser de grosses bottes d'herbes et à
les élever jusqu'à sa bouche, en le retirant de
ce côté. Pour boire, il s'en sert comme d'une
pompe. Sa langue est d'une petitesse qui n'a
point de proportion avec la masse de son corps.
Il n'a dans chaque mâchoire que quatre dents
pour broyer sa nourriture ; mais la nature lui
a donné pour sa défense deux autres dents, en

forme de crochet, qui sortent de la mâchoire supérieure, et qui sont longues de plusieurs pieds. Ce sont ces dents que les artistes emploient si avantageusement sous le nom d'ivoire, et dont les peintres tirent leur beau noir, en les faisant brûler. Une seule pèse quelquefois plus de cent livres : elles croissent avec l'âge. Un gros Éléphant contient plus de chair que quatre ou cinq bœufs. Leur mesure ordinaire est de neuf à dix pieds de long, sur onze ou douze de hauteur. Celui qui mourut à la ménagerie de Versaille en 1681, était de la petite taille ; cependant l'anatomiste qui le disséqua, entrait tout entier dans son corps et y travaillait comme dans une chambre. Pour avoir une idée de la force de cet animal, il n'y a qu'à se figurer qu'il ébranle la terre sous ses pas, qu'avec sa trompe il arrache des arbres, que d'une secousse il fait brèche dans un mur, et qu'il peut porter sur son dos une tour armée en guerre et chargée de combattants. Seul il fait mouvoir des machines et transporte des fardeaux que six hommes ne pourraient remuer. Quoiqu'il ait les jambes fort épaisses et les pieds monstrueux, son pas ordinaire égale celui de l'homme le plus agile : aussi fait-il quinze à vingt lieues par jour et plus de trente quand on se presse ; mais avec une conformation aussi embarrassante, il ne peut aimer le mouvement. Celui qui le conduit lui fait comprendre ses volontés en le frappant derrière la tête, sur la partie de son crâne qui a le moins d'é-paisseur.

La couleur ordinaire des Éléphants est d'un gris noirâtre. Il y en a aussi de blancs et de rouges. Leur peau dure et ridée n'offre que quelques poils rudes, répandus par intervalles et sans aucune continuité. La houpe des filets solides et luisants qui termine leur queue, leur sert à se délivrer des mouches.

Comme les Éléphants privés ne multiplient point, on n'a pas de certitude sur la durée de leur vie. On soupçonne seulement qu'ils doivent aller à plus de cent cinquante ans. La femelle ne produit qu'un petit qui tète, non pas par la trompe, comme on l'avait cru, mais par la bouche, comme tous les autres ani-maux.

L'espèce de l'Éléphant est généralement répandue dans toutes les contrées méridiona-les de l'Afrique et de l'Asie. Dans l'état sau-vage, il se nourrit d'herbes, de feuillages, de fruits, de graines, de jeunes pousses d'arbres. Quoiqu'il puisse passer plusieurs jours sans prendre d'aliments, lorsqu'il se trouve dans l'abondance, il mange prodigieusement. La nourriture de celui de la ménagerie, quoiqu'il fût de la petite espèce, consistait en quatre-vingts livres de pain par jour, douze pintes de vin, et deux sceaux de potage, où il entrait quatre ou cinq livres de pain, sans compter ce que lui jetaient les personnes qui venaient le voir. Ces animaux ont plusieurs ennemis, tels que le lion, le tigre, le rhinocéros et certains serpents. Quoiqu'ils soient timides, si on vient à les harceler dans un endroit où ils aient la liberté de se tourner, leur trompe est un instrument de vengeance terrible, et l'ennemi qu'ils saisissent ne peut éviter d'être écrasé ou mis en pièces. Pour les blesser mortellement, il faut les frapper entre les yeux et les oreilles : ailleurs leur peau résiste aux balles du mousquet. La manière de les prendre mérite une attention particulière. Au milieu des forêts et dans un lieu voisin de ceux qu'ils fréquentent, on choisit un espace qu'on environne d'une forte palissade, et on les y fait entrer en les épouvantant par des cris, des pétards, des tambours et des torches allumées. D'autres fois, on leur jette aux jambes des lacs de cordes très-fortes ; et lorsqu'on a rencontré un arbre assez gros pour y fixer sûrement les cordes, on amène les Éléphants privés, qui harcèlent les Éléphants sauvages avec leurs trompes, jusqu'à ce qu'ils se soient laissés conduire au lieu qu'on leur destine.

Les nègres d'Afrique, qui n'en veulent qu'à leur chair, les attrapent dans des fosses profondes, couvertes seulement d'un peu de terre et de branches. L'Éléphant est presque aussitôt apprivoisé que vaincu. Quinze jours suffisent pour lui apprendre tous les exercices qu'on demande de lui. Du reste, s'il est intelligent et docile, il exige de son maître de la douceur et de bons traitements.

On dit que celui qui mourut du temps de Louis XIV à la ménagerie de Versailles, avait assez de discernement pour voir quand on se moquait de lui. Un peintre voulant le dessiner dans une attitude extraordinaire, qui était de tenir sa trompe élevée et sa gueule ouverte ; le valet du peintre, pour lui faire garder cette situation, lui jetait des fruits dans la bouche, et le plus souvent n'en faisait que le geste. A la fin l'Éléphant s'en indigna ; et comme s'il se fût aperçu que l'envie que le peintre avait de le dessiner était la cause de cette importunité, au lieu de s'en prendre au valet, il s'adressa au maître, et lui lança par la trompe un jet d'eau qui gâta le papier sur lequel il travaillait.

Lorsque cet animal est en colère, ce qui lui arrive rarement, il n'y a que deux moyens de l'apaiser ; l'un, de lui jeter quelques pièces d'artifice enflammées ; l'autre, de lui demander grâce, car il a de la générosité. Un homme qui gouvernait depuis long-temps un Éléphant, et qui l'avait toujours trouvé docile tant qu'il n'avait exigé de lui que des choses raisonnables, le maltraita un jour injustement. L'animal, outré de ce mauvais procédé, tua son maître ; cet homme avait une femme et deux fils encore très-jeunes. Sa femme au désespoir, présenta ses enfants à l'Éléphant, comme pour lui dire de les immoler aussi. Ce tableau touchant attendrit l'animal irrité ; et, pour réparer autant qu'il était possible, le meurtre qu'il venait de commettre, il prit doucement avec sa trompe l'aîné des deux enfants, le plaça sur son dos, le regarda dès-lors comme son maître, et se laissa conduire toujours par lui.

LE LIÈVRE.

Ce petit animal, dont la race est répandue avec tant de profusion sur la surface de la terre, paraît être destiné aux plaisirs de l'homme, plus encore qu'à ses besoins. Les lièvres de la Laponie et des pays septentrionaux deviennent blancs l'hiver, et reprennent leur couleur fauve en été. On en voit quelquefois aussi de blancs dans nos provinces, surtout en Pologne. Le Lièvre a peu d'industrie. Naturellement peureux, l'agitation de l'air, le bruit d'une feuille, en voilà assez pour le mettre en alarmes ; encore s'il avait l'instinct de se faire

un terrier : mais se croyant caché dans un sillon entre quelques légères mottes de terre, il
ne doit souvent son salut qu'à son caractère
inquiet et défiant, à la finesse de l'organe de
l'ouïe, et à la rapidité de sa course. L'hiver il
se gîte à l'abri du nord, et l'été, à l'abri du
midi dans les blés lorsqu'ils son grands, il abat
les épis pour se faire des sentiers et fuir librement à l'approche des chiens. Ses yeux ne
semblent voir que de côté; sa bouche est garnie
de poil intérieurement ; ses pattes sont dessous couvertes de poils ; sa voix est faible ; on
ne l'entend guère que lorsqu'il est pris ou
blessé. Ses jambes de devant, plus courtes,
lui donnent la facilité de monter lestement. Il
descend avec moins d'agilité. Il mène pendant sept ans une vie solitaire, silencieuse,
mais agitée, et toujours poursuivie par la crainte
ou par un danger réel. Le levraut, à un an,
peut engendrer : à cet âge, on ne distingue
pas bien encore les parties du mâle et de la
femelle. Celle-ci, plus ardente, couvre quelquefois le mâle. Pourvue de deux matrices,
elle est prête de mettre bas, qu'elle peut encore
devenir pleine. La fin de l'hiver et le commencement du printemps, sont le temps du
rut. La femelle porte un mois entier, et donne
naissance à trois ou quatre petits, qui au bout
de vingt jours quittent le gîte natal, et se dis-
persent pour vivre solitairement. Assez paisi-
bles pendant le jour, la nuit est pour eux le

temps des promenades, des festins, des amours et des danses. C'est un plaisir de les voir sauter, gambader au clair de la lune. Ils vivent de grains et de plantes aromatiques, tels que la marjolaine, le serpolet, etc., dorment les yeux ouverts, blanchissent plus ou moins en vieillissant, s'asseient sur les pattes de derrière, sont assez caressants lorsqu'ils sont apprivoisés. On en a vus qui étaient dressés à battre le tambour. Cependant ils ne s'accoutument pas à l'esclavage, et ils tournent tous leurs efforts du côté de la liberté.

La chasse du lièvre est une des plus agréables, soit à cause de la prodigieuse fécondité de ces animaux, soit par le plaisir de l'exercice en lui-même. Dans une seule battue, on tue quelquefois jusqu'à quatre ou cinq cents Lièvres, si le gibier se plaît dans le canton : car on remarque que cet animal poursuivi ne s'éloigne guère de son gîte ordinaire. Ceux qui échappent ne reviennent point dans le canton où ils ont été chassés. On chasse le Lièvre avec des chiens d'arrêt, ou on le force à la course avec des levriers ou des chiens courans. On le fait aussi prendre par des oiseaux de proie. Le Lièvre lancé part comme un éclair, sans observer une course régulière. Il va, vient et revient sur ses pas toujours au-dessus du vent. On en a vu quelques-uns se jeter dans un étang, de cacher dans les roseaux, ou se dérober à la poursuite des chiens en se logeant dans le tronc d'un arbre; mais pour l'ordinaire, le lièvre va toujours courant, jusqu'à ce qu'il ait échappé à l'ardeur des chiens et du chasseur. Alors tout hors d'haleine il se couche ventre à terre sur l'herbe la plus fraîche. Son corps exhale une espèce de fumée qui le trahit, même à une distance très-éloignée. Le chasseur habile, averti par cet indice, s'avance pour le tuer au gîte, en prenant la précaution d'éloigner ses chiens, que le Lièvre pourrait peut-être sentir de loin. Il est moins en garde contre un homme qui semble ne pas le chercher, et qui parvient jusqu'à lui par un chemin un peu oblique. Les loups, les aigles, les renards, les ducs et les buses sont, pour cet animal sans défense, des ennemis aussi redoutables que l'homme. Outre les plaisirs de la chasse, le Lièvre fournit encore à nos tables un excellent met. La chair des femelles est plus délicate. On préfère les Lièvres des montagnes à ceux des plaines. Ceux que l'on chasse vers les marais et lieux fangeux, sont de mauvais goût. On les appelle Lièvres ladres. La loi des Juifs et celle de Mahomet interdisent la chair du Lièvre comme celle du cochon. La fourrure des Lièvres d'Amérique est excellente : leur poil ne tombe jamais. Les chapeliers font usage du poil de lièvre comme de celui du lapin.

LE RHINOCÉROS.

Le Rhinocéros a au moins douze pieds de hauteur. S'il ne paraît pas grand, c'est qu'il a les jambes coutes. L'arme offensive qu'il porte sur le nez, est une corne très-dure, qui parvient jusqu'à la longueur de trois ou quatre pieds. Son corps et tous ses membres sont couverts d'une enveloppe repliée en forme de cuirasse, impénétrable aux griffes des animaux et au fer du chasseur. Sa couleur est noirâtre. Il a les yeux très-petit, et ne les ouvre qu'à demi. Sa lèvre supérieure, qu'il péut allonger jusqu'à six ou sept pouces, est terminée par un appendice pointu, assez flexible pour faire l'office d'une main. Ses oreilles, toujours droites, sont courtes : l'extrémité de sa queue est garnie d'un bouquet de soies très-solides et très-dures ; ses jambes sont rondes et épaisses, et ses pieds sont armés de trois grands ongles.

Sans être ni féroce ni carnassier, ni même extrêmement farouche, le Rhinocéros est cependant intraitable : il est à peu près en grand ce que le cochon est en petit, brusque, sans intelligence et sans docilité. Il se plaît dans les lieux humides et marécageux. Sa peau fait le cuir le meilleur et le plus dur qu'il y ait dans le commerce.

Cet animal se nourrit d'herbes et de grains ; il n'attaque pas les hommes, à moins qu'il ne soit provoqué. Comme les balles s'applatissent sur son cuir, et que les lances ne sauraient l'entamer, les chasseurs profitent du moment où il est endormi pour le percer au ventre, aux yeux, ou autour des oreilles, seuls endroits qui soient pénétrables. Le Rhinocéros que nous venons de décrire ne se trouve que dans les contrées les plus chaudes de l'Asie. En général, il est beaucoup plus rare que l'éléphant. Comme le temps de son accroissement paraît être d'environ quinze ans, on croit qu'il s'en peut vivre cent. La femelle porte pendant quatorze ou quinze mois, et ne produit qu'un petit. Le meilleur moyen d'échapper à la fureur de cet animal, quand on en est poursuivi, est de faire beaucoup de détours : ses yeux sont placés de manière qu'il ne peut voir que devant lui ; il est d'ailleurs si lent à se tourner, quoique léger à la course. que son ennemi est bientôt hors de danger. Chez les Romains, sa corne était d'un prix inestimable : on en faisait des vases que l'on chargeait des plus riches ornements de sculpture.

Les Indiens mangent, comme quelque chose de très-bon, la chair des jeunes Rhinocéros : celle des vieux est coriace.

LE CHAMEAU.

Cet animal, dont la longueur moyenne est de dix pieds sur six de hauteur, a les cuisses et la queue fort petites. les jambes longues, le pied fourchu comme le bœuf, la tête petite et allongée, les yeux gros et saillants, les oreilles courtes, le front revêtu d'un duvet qui ressemble à de la laine, et le cou extrêmement long Tout son corps est couvert de longs poils roux.

Ses principaux caractères distinctifs sont d'avoir au milieu du dos une bosse charnue, assez grosse, et cinq estomacs, tandis que les autres animaux ruminants (1) n'en ont que quatre. Ce cinquième estomac est un réservoir où aucuns aliments ne peuvent passer ; c'est celui que l'animal remplit d'eau, et d'où il la fait refluer à volonté dans un autre estomac. Elle s'y conserve plus de huit jours sans s'y corrompre. Les callosités que l'on remarque sur toutes ses jointures et sa poitrine, ne viennent que de son attitude dans les instants de repos. Il s'accroupit au lieu de se coucher sur le côté.

Le Chameau est originaire d'Arabie. Comme les premiers hommes civilisés habitaient cette partie de l'Asie, cet animal utile ne tarda pas à devenir une de leurs conquêtes : l'industrie le répandit ensuite jusqu'en Afrique. Aucun historien ne dit qu'on ait jamais vu de Chameaux sauvages. Sans le secours de cet animal, aussi sobre qu'il est vigoureux, il eût été impossible de traverser ces immenses solitudes, où le voyageur ne trouve que des sables brûlants. Lui seul rend peut-être autant de services que le cheval, l'âne et le bœuf réunis. Il n'est pas plus délicat que l'âne sur la qualité de la nourriture ; sa chair, quand il est

---

(1) On appelle animaux ruminants, ceux qui remâchent ce qu'ils ont déjà avalé.

jeune, est aussi bonne et aussi saine que celle du veau ; son poil est plus beau et plus recherché que la plus belle laine ; la femelle donne du lait pendant plus de temps que la vache : il n'y a pas jusqu'à ses excréments dont on ne tire avantage, quand ils sont desséchés, puisque mis en poudre, ils servent de litière, et qu'on en fait des mottes à brûler, chose précieuse dans des déserts où il ne se trouve pas un arbre.

Les plus grands Chameaux portent mille et jusqu'à douze cents livres pesant : les plus petits six à sept cents livres. Dans les voyages de long cours, on règle leur marche à dix ou douze lieues par jour, quoiqu'ils puissent en faire bien davantage. Pour prendre la charge, ils fléchissent les genoux à la voix de leurs conducteurs, mettent le ventre contre terre, et demeurent en cette posture jusqu'à ce qu'on leur ait commandé de se relever : lorsqu'ils se sentent surchargés, ils demeurent constamment couchés afin qu'on les allège. Du reste, leur obéissance au maître qui les conduit est admirable. Ils lui épargnent jusqu'à la peine d'élever les fardeaux, en venant se coucher entre les ballots, et en attendant patiemment qu'on les ait attachés pour se relever. Celui qui conduit une troupe de Chameaux, les précède tous, et leur fait prendre le même pas qu'à sa monture, en charmant leur ennui par la voix, ou par le son de quelque instrument.

Le Chameau est capable de demeurer chargé pendant trente ou quarante jours, et d'en passer huit ou dix sans boire et sans manger. Sa nourriture commune est le maïs ou blé de Turquie, et l'avoine. A leur défaut, il se contente de branches d'arbres, de ronces et de joncs. Loin d'aimer l'eau claire, il la trouble avec le pied pour la rendre bourbeuse. La femelle ne produit qu'un petit qu'elle porte environ un an.

LE NILGAUT.

Cet animal, originaire des climats chauds, est de la taille d'environ quatre pieds. Ses cornes ont six pouces de long. Sur ses épaules, s'élève une espèce de bosse, surmontée d'une petite crinière, qui prend son origine au sommet de la tête ; une touffe de longs poils noirs pend du milieu de la poitrine. Tout le corps est d'un gris d'ardoise, la tête d'un fauve mêlé de grisâtre. le tour des yeux d'une fauve clair, avec une petite tache blanche à l'angle de chaque œil ; les oreilles, qui sont grandes et larges, sont rayées de deux bandes noires vers leurs extrémités ; le sommet de la tête est garni d'un poil noir, mêlé de brun , qui forme sur le haut du front une espèce de fer à cheval. Il a sous le cou, près de la gorge, une grande tache blanche ; la couleur du ventre est d'un gris d'ardoise comme celle du corps ; les jambes de devant et les cuisses sont noires sur la face extérieure, et d'un gris foncé sur la face intérieure ; le pied ressemble à celui d'un cerf, et la queue, qui se termine par une touffe de grands poils noirs, est d'un gris d'ardoise sur le milieu, et blanche sur les côtés. Le Nilgaut n'est point agile comme le cerf auquel il ressemble beaucoup ; il court au contraire de mauvaise grâce, ayant les jambes trop massives, et celles de derrière plus courtes que celles de devant. Cet animal est doux, quoique très-vif, et même familier Il mange de l'avoine, et de préférence de l'herbe fraîche : comme il produit dans nos climats, ce serait une bonne acquisition à faire. On en retirerait de bonnes viandes, du suif et des cuirs fermes et épais

LE CASTOR.

Le Castor est une espèce intermédiaire entre les quadrupèdes et les poissons. Il ha—

bite le voisinage des eaux, et vit de poissons, d'écrevisses, et surtout de l'écorce tendre des arbres aquatiques. Ses pieds de derrière ont, au lieu de doigts, une forte membrane qui en fait des nageoires. Ceux de devant sont courts, et il s'en sert avec beaucoup d'adresse. Ses dents, au nombre de vingt, sont extrêmement fortes. Tout son corps, à l'exception de la queue, est couvert de deux sortes de poils, d'un duvet très-fin et très-serré, long d'un pouce, qui entretient la chaleur, et d'un poil long qui garantit le duvet de la boue. Sa queue large de quatre pouces à sa racine, de cinq pouces dans le milieu, et de trois à l'extrémité, est très-épaisse, couverte d'une peau écailleuse, et longue d'un pied : la couleur du Castor est ordinairement brune. On en trouve cependant de noirs et même de tout blancs. Les femelles portent quatre mois et produisent deux ou trois petits. Cet animal est court et ramassé. Il pèse cinquante à soixante livres. La chair des parties antérieures jusqu'aux reins, a le même goût que celle des animaux terrestres ; celle des cuisses et de la queue est entièrement semblable à celle du poisson. Dans les cantons les plus reculés du nord de l'Europe et de l'Amérique, les Castors construisent encore des bourgades et élèvent des digues qui retiennent les eaux des rivières à la hauteur qui leur convient. Ces bourgades dont les plus grandes renferment vingt à vingt-cinq habitations, sont occupées par quatre ou cinq cents Castors qui y passent la mauvaise saison, et jouissent de toutes les douceurs de la vie domestique. Pour couper un arbre, un nombre d'ouvriers, proportionné à sa grosseur, l'attaquent successivement avec les dents ; les grosses branches servent à faire des pieux pour les digues ; les petites, entrelacées et enduites d'une terre grasse, remplissent les vides. La queue de l'animal sert de voiture et de truelle pour amener et maçonner le mortier : les fondements de ces digues ont ordinairement dix à douze pieds d'épaisseur, et vont en diminuant jusqu'à deux ou trois : les proportions y sont exactement gardées ; le côté du courant de l'eau est toujours en talus, et le côté opposé est d'aplomb. Le même art se fait remarquer dans la construction des cabanes, ordinairement bâties sur pilotis ; leur figure est ronde ou ovale ; elles sont voûtées en anse de panier ; les matériaux ne diffèrent de ceux des digues, qu'en ce qu'ils sont moins gros ; l'enduit intérieur de terre glaise n'y laisse pas le moindre jour : les deux tiers de l'édifice sont hors de l'eau. C'est dans cette partie que chaque Castor a sa petite demeure. Il prend soin de la garnir de feuillages. Jamais on n'y voit d'ordures. Les cabanes ordinaires servent de logement à huit ou dix Castors. Il s'en trouve, mais rarement, qui en contiennent jusqu'à trente. Elles sont toujours assez près les unes des autres pour que la communication soit facile. Ces ouvrages sont toujours finis, et la provision se trouve faite avant l'hiver. Chaque cabane n'a qu'un magasin commun pour toute la famille. Dans les contrées où l'homme s'est anciennement établi, ces animaux ont perdu, avec l'industrie, cet instinct social si digne d'admiration, et vivent solitairement dans des boyaux longs et tortueux qu'ils se creusent le long des fleuves.

Les Sauvages s'habillent de peaux de Castors, qu'ils portent l'hiver le poil en dedans. Ces peaux imbibées de sueur, qu'ils nous vendent au printemps, ne peuvent servir que pour les ouvrages grossiers : on les appelle Castors gras.

On a trouvé des Castors dans le Languedoc, dans les îles du Rhône.

LE JOCKO.

Le Jocko ne diffère de l'orang-outang que par la taille, qui n'est guère que de trois ou quatre pieds. Il habite les mêmes pays que ce dernier. Cet animal marche assez souvent comme l'homme, appuyé sur un bâton.

Lorsque des voyageurs font du feu dans des endroits où se trouvent des Jockos, ceux-ci les observent de loin ; et dès qu'ils sont partis, ils vont prendre leur place et se chauf-

fent ; mais ils ne se donnent la peine ni d'attiser le feu, ni de l'entretenir.

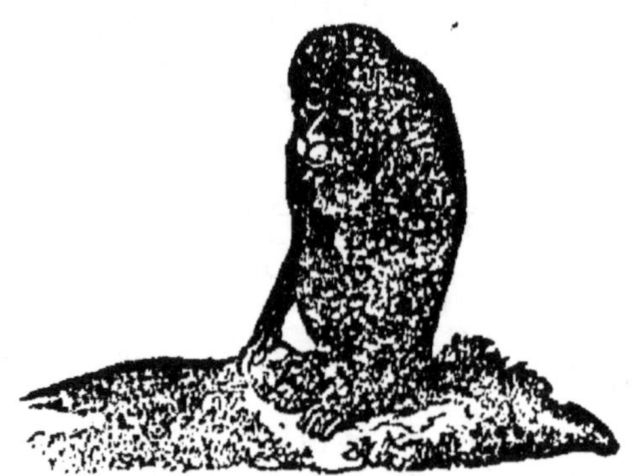

L'ORANG-OUTANG.

L'Orang-outang a la face plate, nue et basanée, les oreilles, les mains, la poitrine et le ventre nuds, une espèce de chevelure sur la tête, du poil long, mais rare sur les épaules et les reins, les fesses charnues, et des mollets comme l'homme, ce qui lui donne la faculté de se tenir debout. Il n'a point, comme les guenons et les babouins, des callosités sur les fesses.

Son talon est un peu plus élevé que celui de l'homme, ce qui fait qu'il court plus aisément qu'il ne marche ; il a aussi les hanches plus serrées, le cou moins long, le nez encore plus écrasé que celui du nègre, le front moins grand, le menton moins relevé, les oreilles plus grandes, et les yeux plus voisins l'un de l'autre. De ces nombreux rapports de conformation, résultent des mouvements pareils à ceux des hommes.

Ces animaux se trouvent en Afrique et dans les climats chauds de l'Asie ; ils se nourrissent de fruits et de graines ; leur force est, dit-on, si extraordinaire, que dix hommes robustes ne peuvent en arrêter un seul. Dans l'état sauvage, ils se rendent redoutables aux nègres, construisent des cabanes pour s'y mettre à l'abri du soleil et de la pluie, et dorment sur les arbres. Leur taille s'élève au moins à six ou sept pieds. L'Orang-outang a l'air triste et la démarche grave : il est d'un naturel doux et s'apprivoise si aisément, que quand on le prend jeune, il obéit au moindre signe, et rend autant de services dans une maison qu'un do-

mestique ordinaire. On en a vu s'asseoir à
table, déployer leur serviette, se servir de la
cuillère, du couteau et de la fourchette, se
verser à boire dans un verre, choquer le verre
lorsqu'ils y étaient invités, aller prendre une
tasse et une soucoupe, l'apporter sur la table,
y mettre du sucre, y verser du thé, le laisser
refroidir pour le boire, se promener gravement avec les hommes, et leur présenter la
main pour les reconduire.

LE MALBROUCK.

Le Malbrouck, qui a environ un pied et
demi de longueur, ne marche qu'à quatre
pieds ; il a la face grise, les yeux grands, les
paupières couleur de chair, ainsi que les oreilles, qui sont grandes et minces, le museau
large, le front ceint d'un bandeau gris, et la
queue de la longueur du corps : son poil varie
par la couleur ; car on trouve des Malbroucks
noirs, blancs, gris, rougeâtres et d'un jaune

clair : cependant ces derniers sont les plus communs. Cette espèce a à peu près les mêmes habitudes que les autres guenons : elle vit dans les forêts, de graines, de cannes à sucre et d'insecte, et prend pour le pillage les mêmes précautions : on la trouve au Bengale et dans quelques autres contrées de l'Inde. Dans les cantons où la religion défend de faire aucun mal aux animaux, ces guenons se multiplient si prodigieusement, qu'elles viennent par troupes jusques dans les villes, et entrent avec tant de liberté dans les maisons, que les marchands de fruits ne savent comment se mettre à l'abri de leurs recherches. On cite même une ville dont les habitants garnissent les terrasses de leur maisons d'une provision de fruits, que les singes du voisinage viennent chercher deux fois par semaine. Il y a dans cette même ville plusieurs hôpitaux pour les singes estropiés ou malades. La grande quantité de singes empêcherait qu'aucun oiseau pût nicher sur les arbres, si ces animaux n'avaient eux-mêmes pour ennemis de gros serpents qui leur font une guerre continuelle.

LA TORTUE GÉOMÉTRIQUE.

Cette tortue terrestre a la couverture supérieure des plus bombées; les couleurs dont elle est variée la rendent très-agréable à la vue :

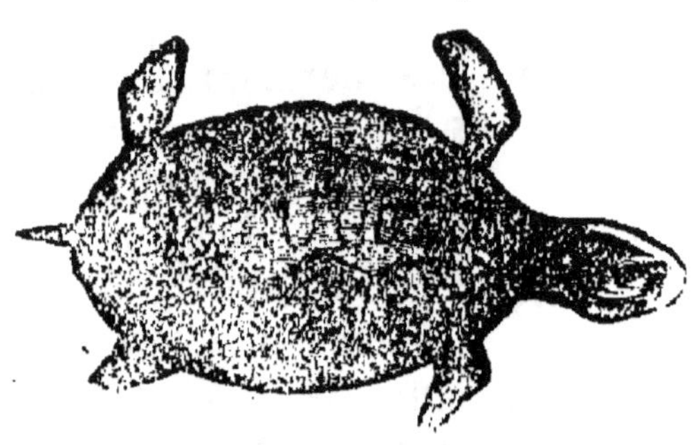

les lames qui revêtent les deux couvertures,
et qui sont ordinairement au nombre de treize
sur le disque, de vingt-trois sur les bords de
la carapace, et de douze sur le plastron, se
relèvent en bosse dans leur milieu ; elles sont
fortement striées, séparées les unes des autres
par des espèces de sillons assez profonds, et
la plupart à six côtés. Leur couleur est noire :
le centre présente une tache jaune, d'où partent plusieurs rayons de la même couleur. Ces
lames présentent ainsi une sorte de réseau
de couleur jaune, composé de lignes très-
distinctes, dessinées sur un fond noir, et res-
semblant à des figures géométriques ; c'est de
là qu'a été tiré le nom qu'on donne à l'animal.
On trouve cette tortue particulièrement en
Asie.

LE MIDAS.

Il y a des tortues de la largeur de la main,
et d'autres de la grosseur d'un bœuf, et du

poids de deux, trois, six, huit cents livres,
dont l'écaille est large comme la porte d'une
chambre. On en mange la chair qui est verte
et grasse, et a le goût de la chair du poulet ;
elle est fort du goût des marins dans leurs voyages. Leurs écailles servent à faire une infinité d'ustensiles très-jolis : autrefois les Indiens se servaient des plus grandes en guise
de boucliers, ou pour les canots, ou pour les
toits.

La Tortue est l'animal le plus aisé à prendre ; il n'y a qu'à épier le moment où elle sort
de la mer le soir, s'approcher par derrière, une
perche à la main, et la renverser avec sur le
dos ; elle est prise ; mais si l'on s'approche par
devant, elle vous jette au visage une quantité
de sable ; et si elle peut même tenir son homme, elle vous l'écrase. Celle que l'on appelle
Midas ou Géant, est la plus grosse de toutes;
son écaille est de la grandeur d'une porte de
chambre, et son poids de sept à huit cents livres: avec dix hommes sur le dos elle peut

4

marcher comme si elle n'avait rien, et le char le plus pesant peut passer sur elle sans l'écraser, ni même la faire plier. La Tortue géométrique est une des plus petites ; elle n'a que la largeur de la main, et l'écaille très-jolie, tachetée de noir et de jaune. Enfin, l'espèce nommée Tortue squameuse, a l'écaille la plus belle et la meilleure, et son nom vient de ce que ses écailles, qui ont une palme de diamètre, sont posées les unes sur les autres comme celles des poissons : les Tortues terrestres, qui sont plus petites que les autres, et auxquelles il paraît qu'il faut réunir les Tortues appelées d'eau douce, puisqu'elles peuvent vivre toujours dans l'eau, se trouvent aussi en France, autour de Marseille et de Bordeaux.

LA MARMOTTE.

La Marmotte ressemble au lièvre par la tête, au blaireau par le poil et les ongles, et à l'ours par les pieds. Elle a les oreilles et la queue très-courtes, le poil du dos d'un roux brun et rude, et celui du ventre roussâtre, doux et fourni. Quoique moins grande que le lièvre, elle est plus forte et plus trapue. Ordinairement elle se tient assise comme l'écureuil, et se sert des pieds de devant pour porter à sa bouche.

Plusieurs Marmottes se réunissent aux approches de l'hiver, et se construisent, sur le penchant d'une montagne un grand terrier à deux ouvertures, qu'elles approvisionnent de foin pour se nourrir jusqu'au temps de leur engourdissement.

Cette demeure souterraine a la forme d'un Y grec. La Marmotte habite les hauts sommets des Alpes, les montagnes de la Suisse et les Pyrénées. On l'accoutume facilement à la vie domestique. Elle mange de tout. des fruits, du pain. de la chair, et aime surtout beaucoup le lait.

L'habitude qu'a cet animal de se servir de son dos comme d'un point d'appui, a, dit-on, engagé les jeunes Savoyards à user de la même méthode pour monter dans les cheminées. Ce qu'il y a de sûr, c'est que sa docilité fournit une ressource à ces enfants, celle de l'offrir comme un objet de curiosité, en la faisant danser au son de la vielle.

La Marmotte fait entendre, lorsqu'on la caresse, un murmure qui ressemble au cri d'un petit chien. Un sifflement assez aigu annonce son mécontentement ou la douleur. Elle ne produit qu'une fois l'année. Chaque portée est de trois ou quatre petits.

L'IGUANE.

L'Iguane forme, par l'éclat de ses couleurs

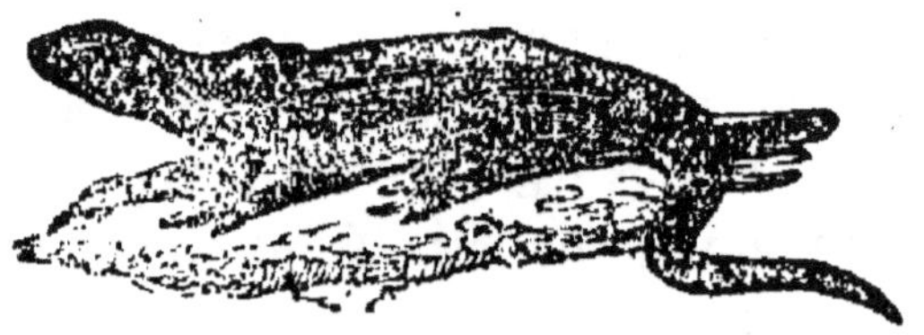

et le brillant de ses écailles, un des principaux
ornements de ces immenses forêts qui couvrent
une partie de l'Amérique méridionale. Il est
aisé de la distinguer par la grande poche qu'elle
a au-dessous du cou, et par la crête dentelée
qui s'étend depuis la tête jusqu'à l'extrémité
de la queue, et qui garnit aussi le devant de
la gorge.

La longueur de ce lézard est assez souvent
de cinq ou six pieds, et sa couleur, qui varie
suivant l'âge, le sexe et le pays, est tantôt
bleuâtre, tantôt verte, mêlée de jaune. Il a la
tête applatie par-dessus et comprimée par les
côtés. Sa queue, qui est ronde, présente ordinairement des anneaux de diverses couleurs.
Cet animal ne cherche point à nuire, et ne se
nourrit que de végétaux et d'insectes. Il ne
laisse pas cependant d'intimider, lorsqu'agité
par la colère, et animant son regard, il fait
entendre un sifflement, secoue sa longue queue,
gonfle sa gorge, et redresse ses écailles héris-
sées de pointes. Lorsqu'il a reçu quelque éducation, il reste volontiers dans les jardins, et
passe même la plus grande partie du jour

dans les appartements. Sa chair est excellente à manger. La femelle pond depuis treize œufs jusqu'à vingt-cinq.

Les Iguanes se retirent dans des creux de rochers ou des trous d'arbres. On les voit s'élancer avec une agilité merveilleuse jusqu'au plus haut des branches, autour desquelles ils s'entortillent de façon à cacher leur tête au milieu des replis de leur corps. Lorsqu'ils sont repus, ils vont se reposer sur les rameaux qui avancent au-dessus de l'eau, et y demeurent comme engourdis. C'est ce moment que l'on choisit au Brésil pour les prendre. Lorsqu'un chasseur voit de ces animaux ainsi étendus sur des branches, et s'y pénétrant de l'ardeur du soleil, il commence à siffler : l'Iguane, qui semble prendre plaisir à l'entendre, avance la tête peu à peu ; le chasseur s'approche en continuant de siffler, et chatouille la gorge de l'animal avec le bout d'une perche : celui-ci souffre cette espèce de caresse sans témoigner aucune peine, et se retourne même comme pour en jouir avec volupté : lorsqu'il a porté sa tête hors des branches, le chasseur lui passe au cou une corde nouée en forme de lac, qu'il a au bout d'un bâton, et le fait tomber à terre par une violente secousse.

On trouve des Iguanes en Afrique et en Asie, mais ils y sont bien moins communs qu'en Amérique.

LE LÉZARD VERT.

La nature, en formant le Lézard vert, n'a fait, pour ainsi dire, qu'agrandir le Lézard gris, et le revêtir d'une parure plus brillante. Le dessus de son corps est d'un vert plus ou moins mêlé de jaune, de gris, de brun, et même quelquefois de rouge ; mais c'est surtout dans les climats chauds qu'il brille avec plus d'éclat ; il y parvient aussi à une grandeur plus considérable (quelquefois jusqu'à trente pouces). Les Lézards verts jouent avec les enfants, ainsi que les gris. Quoique peu élevés sur leurs pattes, ils courent avec agilité, et partent avec assez de promptitude pour donner un premier mouvement de surpris et d'effroi, lorsqu'ils s'élancent au milieu des broussailles ou des feuilles sèches. L'habitude qu'ils ont de saisir par l'endroit le plus sensible, c'est-à-dire, par les narines, les diverses espèces de serpents avec lesquels ils sont souvent en guerre, fait qu'ils se jettent au museau des chiens, et les y mordent avec tant d'obstination, qu'ils se laissent emporter et même tuer plutôt que de lâcher prise. Il ne faut pas cependant les regarder comme vénimeux, au moins dans les pays tempérés.

LE LÉZARD GRIS.

Ce petit animal, si commun dans le pays que nous habitons, paraît être le plus doux, le plus innocent et l'un des plus utiles des Lézards. S'il n'a pas reçu de la nature une parure bien éclatante, il a de quoi intéresser par la légèreté de sa taille, par l'agilité de ses mouvements et la rapidité de sa course. Ayant besoin d'une température douce, il cherche les abris ; et lorsque dans un beau jour de printemps une lumière pure éclaire vivement une muraille ou un gazon en pente, on le voit s'y étendre avec une espèce de volupté. Il marque son plaisir par les ondulations de sa queue ; il fait briller ses yeux, et se précipite comme un trait pour saisir une petite proie, ou pour trouver un abri plus commode. Bien loin de fuir à l'approche de l'homme, il paraît le regarder avec complaisance ; mais au moindre bruit qui l'effraie, à la chute d'une feuille, il se roule et se laisse tomber, ou bien il s'élance, disparaît, se montre de nouveau, et décrit en un instant plusieurs circuits tortueux que l'œil a de la peine à suivre. La couleur grise que présente le dessus de son corps, est variée par un grand nombre de tâches blanchâtres, et par trois bandes presque noires qui parcourent la longueur du dos : le ventre est peint de vert changeant en bleu.

On ne craint point ce paisible animal : il échappe communément avec rapidité lorsqu'on veut le saisir ; mais lorsqu'on l'a pris, on le manie sans qu'il cherche à mordre : les enfants en font un jouet, et, par une suite de sa grande douceur, il se familiarise avec eux approche innocemment sa bouche de la leur, et suce leur salive avec avidité. Malheureusement il ne reçoit pas toujours caresse pour caresse, et l'enfance souvent ingrate, parce qu'elle ne se donne pas la peine de réfléchir, prend plaisir à lui faire perdre une partie de sa queue, qui est très-fragile. Cette queue, lorsqu'elle a été brisée par quelqu'accident, repousse quelquefois, et suivant qu'elle a été divisée en plus ou moins de parties, elle est remplacée par deux et même par trois queues plus ou moins parfaites.

Pour saisir les mouches et autres insectes dont il se nourrit, le Lézard gris darde avec vitesse une langue garnie de petites aspérités qui lui aident à retenir sa proie. Le tabac pulvérisé est presque toujours un poison mortel pour lui. Comme les autres quadrupèdes ovipares, il peut vivre beaucoup de temps sans manger, et l'on en a gardé pendant six mois dans une bouteille, sans leur donner aucune nourriture. Il passe la saison du froid dans des trous d'arbres ou de murailles, ou dans des creux sous terre.

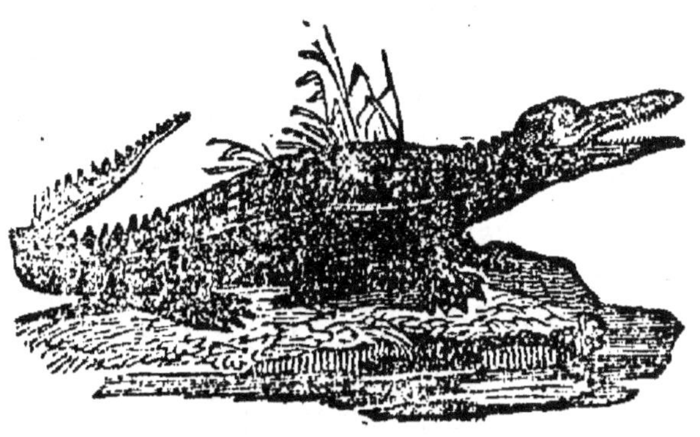

LE CROCODILE.

Cet animal énorme ne se trouve que dans les climats très-chauds. Incapable de désirs très-ardens, il n'a pas de férocité ; s'il se nourrit de proie, s'il dévore les autres animaux, s'il attaque même quelquefois l'homme, ce n'est pas, comme le tigre, pour assouvir un appétit cruel, mais uniquement pour satisfaire à des besoins d'autant plus impérieux, qu'il a une masse plus considérable à entretenir

La forme générale du Crocodile est assez semblable, en grand, à celle des autres lézards, mais en examinant ses caractères particuliers, on trouve qu'il a la tête alongée, applatie et fortement ridée, le museau gros, la gueule fendue jusqu'au-delà des oreilles. Ses dents, quelquefois au nombre de trente-six dans la mâchoire supérieure, et de trente dans la mâ-

choire inférieure, sont fortes, pointues, iné-
gales en longueur, placées sur un seul rang,
et disposées de manière que quand la gueule
est fermée, elles passent les unes entre les
autres.

Comme cet animal n'a point de lèvres, il
montre ses dents lorsqu'il marche ou qu'il nage
avec le plus de tranquillité ; ce qui ajoute encore à cet air de furie qui tient à sa conformation, c'est que ses yeux étincelants, très-
rapprochés l'un de l'autre, garnis de deux paupières dures, fortement ridées et surmontées
d'un rebord dentelé, lui donnent une sorte de
regard sinistre ; sa queue est très-longue et
d'une forme applatie, assez semblable à
celle d'un aviron, ce qui lui facilite beaucoup les moyens de nager. L'armure qui
revêt tout son corps, excepté la tête, est
composée d'écailles. Celles qui couvrent les
flancs, les pattes et la plus grande partie du
cou, sont presque rondes, de grandeur différente, et distribuées irrégulièrement. Celles
qui défendent le dos et le dessus de la queue,
sont carrées et forment des bandes transversales. Il ne faut donc pas, pour blesser le Crocodile, le frapper de derrière en avant, comme si les écailles se recouvraient, mais dans
les jointures des bandes qui ne présentent que
la peau. La couleur des Crocodiles tire sur le
jaune verdâtre, plus ou moins nuancé d'un
vert faible, par taches et par bandes : leur

taille va à près de trente pieds dans les climats qui leur conviennent le mieux. Ils fréquentent de préférence les rives des grands fleuves. La femelle pond environ soixante œufs ; mais heureusement ces œufs sont recherchés par la mangouste, par les singes et par plusieurs espèces d'oiseaux d'eau, de manière qu'un grand nombre de Crocodiles sont détruits avant d'éclore. Leur chair, que certains peuples de l'Inde et de l'Amérique trouvent délicate, a toujours rebuté les Européens par son odeur de musc.

LE CAMÉLÉON.

Le nom de ce lézard sert, depuis longtemps, à désigner la flatterie, parce qu'il n'a pas de couleur qui lui soit propre, comme le flatteur n'a pas d'avis à lui. Sa tête, applatie par-dessus, l'est aussi par les côtés ; et cinq arêtes, dont deux partent du museau, deux des coins de la gueule, et la troisième du sommet de la tête, forment au-dessus une pyramide à cinq faces dont la pointe est tournée en arrière. Sa gorge est comme gonflée, et représente une espèce de poche, mais moins grande que celle de l'iguane. On voit sur sa peau de petites éminences comme le chagrin. Ses yeux sont gros et saillans ; et, ce qui est particulier, ils sont mobiles indépendamment l'un de l'autre, de manière que l'animal peut avec l'un regarder en avant, tandis qu'avec l'autre il regarde en arrière ; ou bien voir de l'un les objets placés au-dessus de lui, pendant que de l'autre il aperçoit ceux qui sont situés au-dessous. Le Caméléon est donc unique par plusieurs caractères très-remarquables ; mais les singularités dont nous venons de parler ne sont pas les seules qu'il présente. Plus élevé sur ses jambes que la plupart des autres lézards, il a moins l'air de ramper lorsqu'il marche ; mais comme la peau de ses jambes descend jusqu'au bout des doigts, il n'a pas d'appui bien ferme sur la terre ; aussi aime-t-il mieux s'accrocher aux arbres avec ses ongles et avec sa queue, qui est prenable comme celle des sapajous. Du reste, soit q' il grimpe sur les arbres, soit qu'il marche sur la terre, ses mouvements sont toujours lents.

Quoiqu'il soit difficile d'assigner la couleur du Caméléon, on peut dire en général qu'il est d'un gris plus ou moins foncé, ou plus ou moins livide. Après les variations que produisent l'âge et le climat, la crainte ou la colère, et les différents degrés de chaleur, sont les causes principales des changements qu'on remarque sur sa peau, qui est transparente partout, quoique garnie de petits grains dont nous avons parlé : les changements du noir au jaune ou au vert, ne sont autres que la couleur de sa bile.

On trouve des Caméléons dans tous les climats chauds, tant de l'ancien que du nouveau continent. Les Indiens les gardent dans leurs maisons pour les délivrer des insectes. Suivant quelques naturalistes, cet animal est si doux, qu'on peut lui enfoncer très-avant le doigt dans la bouche, sans qu'il chercher à mordre. Il peut vivre près d'un an sans manger, ainsi que les autres lézards ; et c'est sans doute ce qui a fait dire qu'il ne se nourrissait que d'air.

LE BASILIC.

Ce lézard, an sujet duquel les charlatans

débitent tant de contes, en montrant une peau de raie bisarrement contournée, habite l'Amérique méridionale. Aucune espèce n'est aussi facile à distinguer, à cause d'une crête très-exhaussée, qui s'étend jusqu'au bout de la queue, et d'une sorte de capuchon qui couronne la tête. Il a souvent plus de trois pieds de longueur.

Loin de tuer par son regard, comme l'animal fabuleux dont il porte le nom, le Basilic ait plaisir à la vue, lorsqu'animant la solitude les forêts immenses de l'Amérique, il s'élance avec rapidité de branche en branche, ou bien lorsque dans une attitude de repos, il témoigne une sorte de satisfaction à ceux qui le regardent, en agitant mollement sa belle crête, et en faisant briller de diverses manières, les écailles dont il est paré.

LE CRAPAUD.

Tout est vilain dans cet animal. Sale dans son habitation, dégoûtant par ses habitudes,

difforme dans son corps, obscur dans ses couleurs, infect par son haleine, ne se soulevant
qu'avec peine, ouvrant, lorsqu'on l'attaque,
une gueule hideuse, n'ayant pour toute puissance que l'opiniâtreté d'un être stupide, et
pour arme qu'une liqueur fétide , il ne paraît
avoir de bon que l'instinct de se dérober à
tous les yeux, en fuyant la lumière du jour.
Sa couleur est ordinairement d'un gris livide,
tacheté de brun et de jaunâtre, quelquefois
d'un roux sale, qui devient ensuite noir. Un
grand nombre de verrues, ou plutôt de pustu-
les d'un vert noirâtre, ou d'un rouge clair, sert
encore à l'enlaidir. Non—seulement il ne peut
marcher, mais il ne saute qu'à une très—petite
hauteur ; lorsqu'il se sent pressé, il lance contre ceux qui le poursuivent une liqueur fétide
dont il est imbu, et qui peut être un venin plus
ou mois actif, suivant la nourriture qu'il a prise,
la saison, l'espèce d'animal sur lequel il agit,
et la nature de la partie qu'il attaque. Cet animal habite dans les fossés, surtout dans ceux
où une eau fétide croupit depuis long—temps:
on le trouve aussi dans les fumiers, dans les
caves, dans les antres profonds et dans les forêts où il peut se dérober aisément à la clarté
du jour. Il est si vivace, qu'on en a vu qui,
percés d'outre en outre par un pieu, ont vécu
sept à huit jours exposés à l'ardeur du soleil.
Un fait bien constant prouve qu'un Crapaud
a vécu plus de trente—six ans, et la manière

dont il a passé sa longue vie a de quoi étonner ; elle prouve jusqu'à quel point la domesticité peut influer sur quelque animal que ce soit. Ce Crapaud a vécu presque toujours dans une maison où il a été, pour ainsi dire, élevé et apprivoisé. La lumière des bougies avait été long-temps pour lui le signal du moment où il allait recevoir sa nourriture ; aussi, non-seulement il la voyait sans crainte, mais même il la recherchait ; il était déjà très-gros lorsqu'il fut remarqué pour la première fois : sa retraite était un escalier qui se trouvait devant la porte d'une maison : tous les soirs, au moment où il apercevait de la lumière, il levait les yeux, comme s'il eût attendu qu'on le portât sur une table, où il trouvait des insectes, des cloportes et de petits vers. Comme on ne lui avait jamais fait de mal, il ne s'irritait point lorsqu'on le touchait, et devint l'objet d'une curiosité générale, au point que les dames même demandèrent à voir le Crapaud familier.

Cet animal aurait vécu plus de temps dans cette espèce de domesticité, si un corbeau apprivoisé comme lui, ne l'eût attaqué à l'entrée de son trou, et ne lui eût crevé un œil, malgré tous les efforts qu'on fit pour le sauver.

LA GRENOUILLE COMMUNE.

C'est un grand malheur qu'une grande ressemblance avec des êtres ignobles. Si nous n'avions jamais vu de crapauds, nous admirerions dans la Grenouille une taille légère, une attitude gracieuse, des mouvements prestes et des couleurs agréables, nuancées par un beau vernis.

Lorsque la Grenouille est hors de l'eau, loin de se tenir bassement accroupie dans la fange, comme le crapaud, elle porte la tête haute et le corps relevé sur les pattes de devant, toujours prête à s'élancer.

Ses yeux sont entourés d'un cercle couleur d'or. Le dessus de son corps est d'un vert plus ou moins foncé, et le dessous blanc. Trois raies jaunes qui règnent le long du dos, et des taches noires qui s'étendent sur tout le dessous du corps et même sur la partie supérieure, à mesure que l'animal grandit, relèvent cet élégant assemblage de couleurs

Assez difficiles sur la qualité de leur nourriture, les Grenouilles rejettent tout ce qui pourrait présenter un moment de décomposition. Si elles se nourrissent de vers, de sangsues, de petits limaçons et d'insectes tant ailés que non ailés, elles n'en prennent aucun qu'elles ne l'aient vu remuer, comme si elles voulaient s'assurer qu'il vit encore. Quand l'insecte se trouve à leur portée, elles s'élancent sur lui quelquefois à la hauteur d'un ou deux pieds, et avancent pour l'attraper une langue gluante qui les a bientôt empêtrés. Dès que la belle saison est arrivée, on les entend jeter un cri qu'elles répètent pendant assez long-temps, surtout lorsqu'il est nuit. Ce croassement, composé de sons rauques, devient tout-à-fait désagréable par la continuité, et parce qu'elles se plaisent à se réunir pour le multiplier. Presque tous les huit jours elles produisent une nouvelle peau, dans le beau temps.

Les œufs que pond la femelle forment une espèce de cordon, à cause de la matière glaireuse dont ils sont enduits. Ces œufs, après un temps plus on moins long, suivant la température, produisent ce qu'on appelle des têtards, dans lesquels on distingue bientôt la tête, la poitrine, le ventre et une queue dont ils se servent pour se mouvoir. Deux mois après, ces têtards quittent leur enveloppe pour prendre la vraie forme de Grenouilles. Comme certaines parties de leur corps fournissent un ali-

ment agréable, on aimaginé plusieurs manières de les pêcher ; d'abord avec des filets, à la
clarté des flambeaux qui les effraient ; puis à
la ligne avec des hameçons qu'on garnit de
vers, d'insectes, ou simplement d'un morceau
d'étoffe rouge ou couleur de chair. Un rateau
à longues dents est encore un moyen que l'on
emploie avec succès pour les amener à terre.

LA ROUSSE.

Cette Grenouille qui habite dans les mêmes
pays que la Grenouille commune, a le dessus
du corps d'un roux obscur, et les cuisses rayées
de brun. On l'appelle muette, par comparai-
son avec cette dernière. Elle passe à terre une
grande partie de la belle saison, et ne rega-
gne les endroits marécageux que vers la fin
de l'automne.

Comme les Grenouilles rousses sont très-fé-
condes, et qu'elles pondent depuis six cents
jusqu'à onze cents œufs, les petites grenouilles de cette espèce se montrent quelquefois en
si grand nombre, surtout dans les bois et le ter-
rains humides, que la terre en paraît couverte.
Cette multitude, sortant de ses trous lorsqu'il
pleut, a donné lieu à deux fables : l'une, qu'il
pleuvait des grenouilles ; l'autre, qu'elles s'en
allaient aussi promptement qu'elles étaient ve-
nues, et qu'elles disparaissaient aux premiers

rayons du soleil. Un examen plus sérieux aurait fait découvrir ces grenouilles sous des tas
de pierres et autres abris, et on les aurait vues
se cacher de nouveau après la pluie, pour se
dérober à une lumière trop vive.

LE DEVIN.

Ce serpent, qui parvient communément à
la longueur de plus de vingt pieds, est le plus
grand et le plus fort de tous les serpens. La
nature lui a accordé la beauté, le courage et
l'industrie : n'ayant point de venin, il combat
avec hardiesse, oppose la force à la force, et
ne dompte que par sa puissance.

On trouve ce monstrueux animal dans les
déserts brûlans de l'Afrique. Sa tête a été com-

parée avec assez de raison à celle des chiens de chasse qu'on appelle chiens couchants Sa queue est très-courte en proportion du corps, qui est ordinairement neuf fois aussi longue que cette partie ; mais elle est très-dure et très-forte. Sur tout le dessus de son corps se trouvent de belles et grandes taches ovales, qui ont ordinairement deux ou trois pouces de longueur, et autour desquelles l'on voit d'autres taches plus petites et de différentes formes. Toutes sont placées avec simétrie, et la plupart sont distinguées du fond par des bordures sombres qui, en imitant des ombres, les détachent, les font ressortir. Ces belles taches présentent les couleurs les plus agréablement variées, et quelquefois les plus vives. Les taches ovales sont ordinairement d'un fauve doré, quelquefois noires ou rouges, et bordées de blanc : les autres sont d'un châtain plus ou moins clair ou d'un rouge très-vif, semées de points noirs ou roux : le dessous du corps est d'un cendre jaunâtre, marbré ou tacheté de noir. Il y a de quoi frémir, en lisant dans les relations des voyageurs la manière dont l'énorme serpent Devin s'avance au milieu des herbes hautes et des broussailles, semblable à une longue et grosse poutre qu'on remuerait avec vitesse. On aperçoit de loin, par le mouvement des plantes qui s'inclinent sous son passage, l'espèce de sillon que tracent les diverses ondulations de son corps ; on voit fuir devant lui les troupeaux de gazelles et d'autres animaux dont il fait sa proie. Le seul moyen de se garantir de sa dent meurtrière dans ces solitudes immenses, est de mettre le feu aux herbes déjà à demi brûlées par l'ardeur du soleil ; car le fer ne suffit pas contre ce dangereux ennemi, surtout lorsqu'il est irrité par la faim. En vain voudrait-on lui opposer des fleuves, ou chercher un abri sur des arbres ; il nage avec assez de facilité pour traverser des bras de mer, et se roule avec promptitude jusqu'aux cîmes les plus hautes.

Lorsque le Devin aperçoit un ennemi dangereux, ce n'est point avec ses dents qu'il commence le combat ; mais il se précipite avec tant de rapidité sur sa malheureuse victime, l'enveloppe de tant de contours, et la serre avec tant de force, qu'il rend ses armes inutiles, et la fait bientôt expirer sous ses puissant efforts. Si l'animal immolé est trop considérable pour que le Devin puisse l'avaler, malgré la grande ouverture de sa gueule et la facilité qu'il a de l'agrandir, il continue de presser sa proie, et, pour la briser avec plus de facilité, il l'entraîne, en se roulant avec elle, auprès d'un gros arbre, dont il renferme le tronc dans ses replis, la place entre l'arbre et son corps, les environne l'un et l'autre de ses nœuds vigoureux, et, se servant de la tige noueuse comme d'un levier, il redouble ses efforts, et parvient à comprimer en tout sens le corps de l'animal qu'il a immolé. Après avoir donné à sa proie toute la souplesse qui lui est nécessaire, il continue de la presser pour l'alonger, et pétrit avec sa salive cet amas de chairs ramollies et d'os concassés. Quelquefois il ne peut en engloutir que la moitié ; alors la dernière partie reste à découvert jusqu'à ce que la première ait été digérée.

LE SERPENT.

On donne le nom de Serpent à un ordre d'animaux reptiles (*), dont le corps couvert d'écailles est allongé, presque cylindrique et très-flexible A le voir en repos, on croirait qu'ils n'ont pas la faculté de se transporter d'un lieu à un autre ; mais la nature leur a fourni des moyens particuliers. Pour changer de place, ils appuient la partie antérieure de leur corps

(*) Reptile qui rampe au lieu de marcher.

sur la terre, puis ils soulèvent la partie moyenne en avançant la postérieure, et portent en avant la partie antérieure, après avoir abaissé la partie intermédiaire. A l'aide de ces mouvements. l'animal marche et avance sans jambes, comme il nage sans nageoires. Les serpents sont du nombre des animaux qui ont le sang presque froid et la digestion fort lente. Ils peuvent vivre long-temps sans prendre d'aliments, ainsi qu'on l'observe dans les vipères et dans les couleuvres, détenues sans vivres pendant six et huit mois dans des barils aérés. Combien de fois n'a-t-on pas vu des grenouilles, des souris peu endommagées dans l'estomac de ces animaux, quoique avalées quelques jours auparavant. Il y a plusieurs espèces de Serpents dont les petits éclosent dans le ventre de la mère, et naissent sans être renfermés dans un œuf. On croirait que ces Serpents seraient vivipares, si l'on ne savait que le fœtus était dans un œuf avant sa naissance ; au reste, il paraît que les Serpents venimeux naissent tout formés et vivants à la manière des vivipares, et que ceux qui ne le sont pas, naissent à la manière des ovipares. Les serpents ovipares ne couvent pas leurs œufs : ils les déposent dans des trous exposés au midi, ou voisins d'un four, ou dans des couches de fumier, etc. Ces œufs éclosent lorsqu'ils ont été échauffés par l'un de ces moyens : ils n'ont point de coque, mais seulement une membrane flexible. Ces reptiles se dépouillent de leur première peau au printemps et en automne. Cette mue s'opère dans l'espace d'une nuit et d'un jour. Leur voix est un sifflement plus ou moins aigu

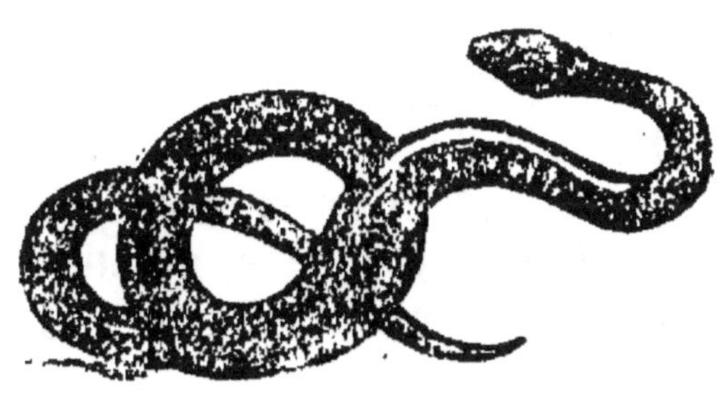

LA VIPÈRE.

La Vipère est aussi faible et aussi innocente en apparence que son venin est dangereux. Sa longueur totale et communément de deux pieds. Sa couleur est d'un gris cendré. Sur le dos s'étend une espèce de chaîne de taches noirâtres de forme irrégulière. Outre vingt-huit dents à la mâchoire supérieure et vingt-quatre à la mâchoire inférieure, elle a encore, de chaque côté de la mâchoire supérieure, une ou deux, quelquefois trois ou quatre dent longues, crochues et très-aiguës, qu'elle peut incliner ou redresser à volonté. Ces dents sont comme un canal par où passe, lorsqu'elle veut mordre, le venin qu'elle tient renfermé dans deux petites vessies, au-dessous de la mâchoire supérieure. Les morsures des Vipères sont

plus dangereuses, suivant la chaleur de la saison et l'état de l'animal plus ou moins irrité.
Pour en arrêter les effets, il faut si l'on n'a pas
le courage de couper la partie mordue, la lier
tout de suite après l'accident, pour arrêter la
circulation du sang. La vipère a les yeux vifs ;
et comme si elle sentait la puissance redoutable de son venin, son regard paraît hardi.
Quand on l'irrite, elle ouvre la gueule et darde
sa langue avec tant de vitesse, qu'on s'imagi-
nerait, à la voir étinceler, qu'elle est de feu.
Les Vipères peuvent passer plusieurs mois
sans manger. On les trouve, dans les grands
froids, sous des tas de pierres, dans des trous
de vieux murs, réunies plusieurs ensemble, et
entortillées les unes aux autres. Elleschangent
de peau au commencement du printemps. Il
est rare de les voir attaquer l'homme et les
gros animaux, à moins qu'on ne les blesse ou
qu'on ne les irrite. Leur vie est si tenace, que
plusieurs parties de leur corps, tant intérieures qu'extérieures, se meuvent encore et exer-
cent, pour ainsi dire, leurs fonctions après
qu'elles en ont été séparées. Le cœur même
palpite long-temps après avoir été arraché :
et les muscles des mâchoires, quoique la tête
ne tienne plus au corps, conservent assez de
force pour que la gueule s'ouvre et se refer-
me, On trouve des Vipères dans presque toutes les contrées de l'ancien continent. Le
Poitou est l'endroit de la France qui en

fournit le plus. Excepté la tête, toutes les parties du corps de cet animal sont employées utilement en médecine, pour résister au venin, pour purifier le sang, et pour chasser les dartres rebelles. Comme ils ne peuvent sauter ni s'entortiller aussi aisément que la plupart des autres serpens, les paysans emploient, pour les prendre, une petite fourche, avec laquelle ils soulèvent leur tête, puis ils les saisissent par la queue et les mettent dans un sac. D'autres leur appuient sur la tête l'extrémité d'un bâton, et les mettent hors d'état de nuire, en leur coupant les dents avec un canif.

L'ANGUILLE.

Ce poisson, quoiqu'habitant des eaux, peut vivre quelque temps sur terre. On prétend même qu'on en voit sortir quelquefois d'un étang pour chercher d'autres eaux : les pêcheurs croient qu'elles naissent des perches, hables, éperlans, parce qu'ils ont pris pour des An-

guilles de petits vers que l'on trouve dans les
ouïes de ces poissons. La nature suit toujours
sa marche dans la multiplication des êtres.
L'Anguille est vivipare ; les œufs qui naissent dans son corps y éclosent, et les petits en
sortent vivants. Il ne paraît point que l'Anguille multiplie dans les étangs : on est porté
à croire qu'elles vont frayer dans la mer, d'où
les petites anguilles remontent ensuite dans
les eaux douces. Il y a des rivières où elles
descendent à la fin de l'été pour aller à la mer,
et en remontent à la fin de l'hiver. L'Anguille
habite toujours le fond des eaux ; ce n'est qu'à
l'approche des orages qu'elle s'élève jusqu'à
la surface de l'eau pour y respirer.

LA COULEUVRE DES DAMES.

Ce joli petit animal est aussi intéressant
par la délicatesse de ses porportions que par
la légèreté de ses mouvements. Un beau noir

et un blanc assez pur sont les seules couleurs qu'il présente ; mais elles sont si avantageusement contrastées et si animées par le luisant des écailles, qu'il serait difficile d'imaginer une parure plus agréable. Des anneaux noirs traversent le dessus du corps et de la queue, et en interrompent la blancheur. Ces bandes transversales s'étendent jusqu'aux plaques blanches qui revêtent le dessous du ventre. Leur largeur diminue à mesure qu'elles approchent du dessous du corps, et la plupart vont se réunir sous le ventre à une raie noirâtre et longitudinale, qui occupe le milieu des grandes plaques. Cette raie, ainsi que les bandes transversales, sont irrégulières et quelquefois un peu festonnées ; mais cette irrégularité ne fait qu'ajouter à l'élégance, en augmentant la variété. Le dessus de la tête présente un mélange gracieux de noir et de blanc, où cependant le noir domine. Les yeux sont très-petits, mais animés par la couleur noirâtre qui les entoure. La Couleuvre des dames est si familière, qu'elle n'éprouve pas la moindre crainte lorsqu'on l'approche. Sa petitesse, son peu de force, l'agrément de ses couleurs, la souplesse de ses mouvements, la douceur de ses habitudes inspirent dans l'Inde un tel intérêt pour elle, que le sexe le plus timide, loin d'en avoir peur, la prend dans ses mains et la caresse.

LA COULEUVRE COMMUNE.

Ce reptile, aussi innocent que la vipère est dangereuse, est très-commun en France, surtout dans le midi : il en peuple les bois et les divers endroits tempérés et humides. On ne l'a encore trouvé ni dans les régions chaudes, ni dans le nord de l'ancien continent, non plus qu'en Amérique.

Le dessus de son corps, depuis le museau jusqu'à l'extrémité de la queue, est noir et d'une couleur verdâtre très-foncée, sur laquelle on voit s'étendre d'un bout à l'autre un grand nombre de raies composées de petites taches jaunâtres de diverses figures, les unes alongées, les autres en losanges, etc., et un peu plus grandes vers les côtes que vers le milieu du dos. Le ventre est d'une couleur jaunâtre : chacune des grandes plaques qui le couvrent, présente un point noir à ses deux bouts, ce qui forme de chaque côté une rangée symétrique.

Ce joli animal parvient ordinairement à la longueur de trois ou quatre pieds. Dans tous les endroits où le froid est rigoureux, il s'enfonce, dès la fin de l'automne, dans des trous souterrains ou dans d'autres creux, s'engourdit plus ou moins complètement : lorsque les beaux jours du printemps reparaissent, il sort de sa stupeur, et se dépouille comme les autres serpents.

Cette Couleuvre cherche à fuir lorsqu'on l'approche. Non—seulement on peut la saisir sans danger, puisqu'elle n'a pas de poison, mais même sans éprouver d'autre résistance que quelques efforts qu'elle fait pour s'échaper. Bientôt on l'assujettit à prendre les différents mouvements qu'on veut lui faire suivre. Elle se laisse entortiller autour des bras, tourner en différentes positions sans donner aucun signe de mécontentement ; elle paraît même avoir du plaisir à jouer avec ses maîtres. Comme sa douceur et son défaut de venin ne sont pas encore aussi bien reconnus qu'ils devraient l'être, des charlatans se servent de ce serpent pour faire croire qu'ils ont le privilège de se faire obéir par un animal que leurs admirateurs ne regardent qu'en tremblant. Il faut cependant convenir qu'on a vu des Couleuvres, surprises par l'aspect subit de quelqu'un, se redresser avec fierté, et faire entendre un sifflement de colère ; mais dans le moment même qu'avait-on à craindre d'un animal sans venin, et dont les dents ne peuvent blesser que de petits lézards ? C'est peut-être à cette espèce de Couleuvre qu'il faut rapporter le fait suivant, attesté par un naturaliste digne de foi. Cet observateur a vu une Couleuvre qu'il a appelée le serpent ordinaire

de France, tellement affectionnée à la maî-
tresse qui la nourrissait, qu'elle se glissait
souvent le long de ses bras pour la caresser,
se cachait sous ses vêtements, venait au moindre signal, reconnaissait jusqu'à sa manière
de rire, et se tournait vers elle lorsqu'elle
marchait, comme pour attendre ses ordres.

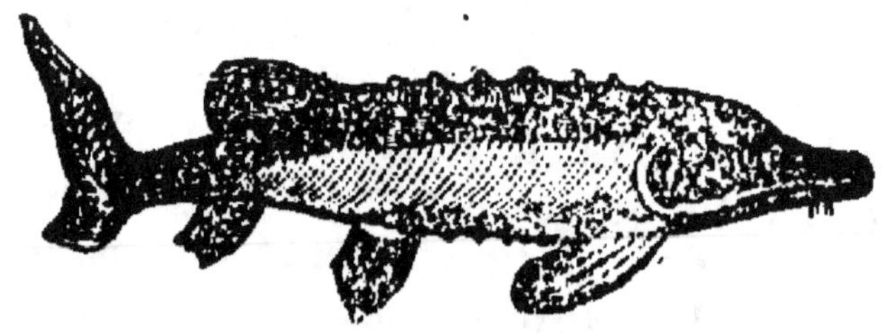

LE REQUIN.

Le Requin, ou mangeur d'hommes, a vingt
ou vingt-quatre pieds de long, et huit ou
dix de diamètre ; sa gueule est si large qu'il
peut avaler un homme d'un seul morceau :
on a même trouvé souvent des chevaux entiers
dans son estomac. Voici une histoire assez
singulière qu'on a racontée. En 1758, un
matelot s'étant laissé tombé par hasard dans
la mer Méditerranée, il se trouva un Requin
tout prêt pour l'avaler malgré ses cris. Mais à
peine l'animal avait-il ce malheureux dans le
ventre, que le capitaine du vaisseau fit poin-
ter un canon sur lui, et le coup arriva si juste,
que le Requin revomit à l'instant le matelot

ncore en vie, que l'on retira, et qui n'avait presque pas de mal. La bête que l'on avait ainsi pêchée, après l'avoir achevée, fut suspendue sur ce vaisseau ; elle avait vingt pieds de longueur sur huit de grosseur, et pesait trois mille deux cent vingt-quatre livres ; le capitaine l'abandonna au matelot, qui la faisait voir pour de l'argent, et courait les pays avec ce monstre. Sa gueule est affreuse par sa grandeur et la multitude de ses dents, qui forment plusieurs rangées, et qui sont tranchantes comme un rasoir. Ces dents, lorsqu'elles viennent à manquer, sont remplacées par d'autres dents qui se redressent. Il s'attache souvent à la suite des vaisseaux pour se nourrir des immondices et des cadavres qu'on y jette du bord. Il y en a qui pèsent jusqu'à trente mille livres. A Nice, à Marseille, on a trouvé des hommes entiers et même tout armés dans l'estomac des Requins. La gueule du Requin s'ouvre largement ; mais pour mordre aisément, il est obligé de se mettre sur le côté, à cause de sa machoire inférieure qui rentre en dessous, ce qui lui fait souvent manquer sa proie. Ce poisson est si goulu et en même temps si hardi, qu'il s'avance quelquefois à sec sur le rivage pour dévorer les passants. On retire par ébullition, de sa graisse et de son foie, une qualité d'huile qu'on conserve dans des barils. Sa chair, et surtout celle des petits qu'on retire tout chauds du ventre de la femelle, se mange sur les ports.

C'est la nourriture des nègres qui la laissent faisander. La cervelle du Requin en poudre sèche, est apéritive. Rôtie au feu elle devient dure comme une pierre. Sa peau, aussi rude qu'une lime, est employée pour polir le bois et même le fer. On en couvre aussi des étuis de lunettes et autres petits ouvrages de gainerie. On enchasse ses dents dans l'argent pour servir de hochets aux enfants. Le peuple crédule les leur fait porter en amulettes pour préserver des maux de dents et de la peur. On en compose encore des poudres dentifrices.

LE NEZ RIDÉ.

Il a la tête applatie, huit dents à chaque mâchoire, au-dessus des nageoires de la poitrine, de longs trous pour respirer, situés dans une raie ou gouttière non recouverte : sa peau, qui est comme du parchemin, est recouverte d'écailles. Il y en a huit espèces qui tous tirent leurs noms de leurs excroissances cornues, et qui se trouvent dans l'Océan, entre l'Afrique et l'Amérique. L'un des plus remarquables est le Nez—ridé, qui contracte son nez et sa lèvre supérieure, de manière qu'on lui voit à nu toute la mâchoire d'en haut ; sa première mâchoire est comme rayonnante et en forme de corne.

LE PORC-ÉPIC DE MER.

Ce poisson des Indes occidentales, de dif-férentes formes, rond comme un ballon, se nourrit de coquillages. Les épines dont il est armé, qu'il baisse et élève à volonté, sont si piquantes, que lorsqu'il est pris à l'hameçon, on ne peut le saisir par aucune partie du corps, jusqu'à ce qu'il soit mort. Sa chair, en petite quantité, a le goût du veau; les bourses plei-nes d'air, qu'il a dans le ventre, servent à faire une colle la plus tenace possible.

LA PIPE.

C'est un poisson long et menu qui a ordi-nairement un pied de long et quelquefois un pied et demi, de la grosseur de deux doigts, et sans écailles. Il se trouve dans les deux Indes.

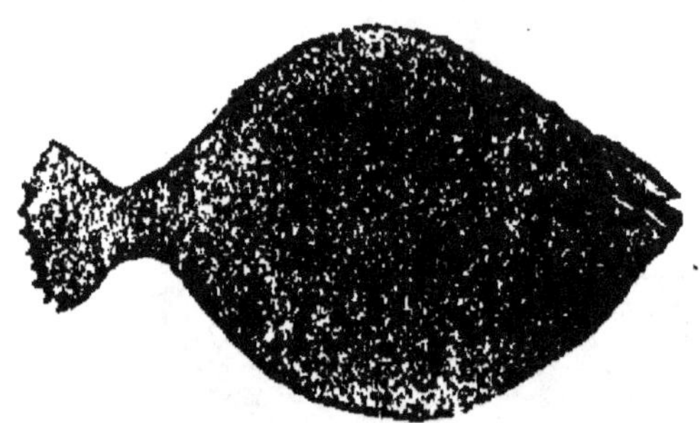

LE POISSON-BOULE.

Il se trouve vers le cap de Bonne-Espérance et dans l'Amérique septentrionale. Au reste, il y en a de deux espèces, le Porc-Epic de mer, qui est de figure ovale, et le poisson-Boule, qui est tout rond, à peu de chose près, et de la grosseur d'une gros ballon à jouer.

L'ESPADON.

Espadon, poisson à scie, épée de mer, héron de mer, poisson empereur. C'est une espèce de baleine. Sa scie est très dure et très-forte, les piquants plats et tranchants. L'Espadon cherche et poursuit la baleine. Celle-ci d'un coup de queue l'écraserait ; mais l'agilité de l'agresseur lui assure la victoire. Il s'élance sur son ennemie pour la scier. Ce combat cruel, qui se passe au sein de la mer est annoncé aux voyageurs effrayés par le fracas épouvantable que fait la queue de la balaine, et par le sang qui s'élève en bouillonnant à la surface des flots. Les nègres respectent ce poisson : ils mettent sa scie au rang de leurs dieux.

L'ÉPÉE DE MER.

On l'appelle aussi poisson-empereur. Ce poisson porte à la tête une arme osseuse qui a la forme d'une lame d'épée longue de quatre, cinq ou six pieds, et large d'un demi-pied, qui lui sert pour l'attaque et pour la défense ; il se nourrit de plantes marines et d'animaux marins. Il se trouve surtout dans les mers du Nord, à la suite des balaines dont il est un ennemi mortel et dangereux, puisqu'il leur enlève quelquefois des pièces de chair considérable, et qu'il les tue à coups de poignard. Souvent les Epées de mer s'assemblent en nombre pour attaquer la balaine, et quelque grosse qu'elle soit, ils en viennent à bout ; ils trouvent même le moyen de lui entrer dans la gueule et de lui couper la langue, qui n'est presque qu'une énorme pièce de lard qu'ils mangent avidement. C'est un animal fort audacieux, qui se révolte même contre l'homme, et qui s'en fait craindre. On la prend au harpon comme la baleine. Il s'en trouve de fort grosses, qui ont dix-huit à vingt pieds de long, et pèsent jusqu'à deux cents livres : sa chair est bonne à manger.

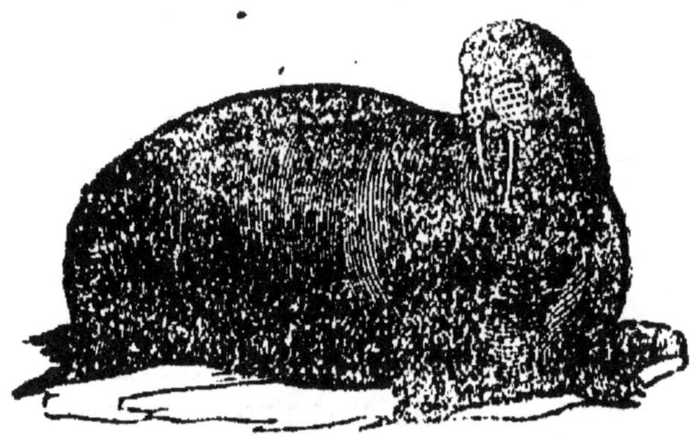

LE CHIEN DE MER.

Ce vivipare, auquel on donne encore les noms de phocas ou phoque, de veau marin et de robbe, se trouve dans les mers du Nord et dans les lacs de ces contrées froides, tant en Amérique qu'en Europe et en Asie, comme en Islande, Groenland, Spitzberg, Kamtchatka, dans la mer Baltique, sur les côtes de Norwège, de Hollande, d'Angleterre, de

France, etc. Quelquefois aussi l'on en trouve
d'égarés dans les grands fleuves et dans les
lacs qui en sont formés. Le Chien de mer a
depuis quatre pieds jusqu'à huit de long, et
de deux jusqu'à quatre de haut. Il a la tête
grosse, de longues moutaches de poils raides
disposées comme celles du chat, avec de semblables soies sur le nez et sur les yeux, avec
quelques différences selon les espèces : les
yeux gros, les oreilles sans bouts ou pendantes ;
la queue courte, les jambes et les pieds d'une
figure particulière ; enfin tout le corps revêtu
de poils courts et raides, tantôt d'un gris blanc,
tantôt d'un gris noir ou bigarré de noir et de
blanc. Ces animaux ne mangent presque que
du poisson, et surtout de harengs, et ils vivent environ vingt à vingt-cinq ans ; la femelle fait tous les ans une portée d'un ou
deux petits. Quant à la forme tout-à-fait
singulière des pattes du Chien de mer, elle
est telle qu'il ne peut s'en servir, et qu'il paraît toujours estropié. Il est obligé de se traî-
ner presque comme un vermisseau, ou de
ramper avec ses pattes de devant, comme si
on lui avait rompu celles de derrière. A pro-
prement parler, il n'a point de jambes, mais
seulement quelque chose d'approchant ; les
pattes de devant sont un peu plus longues que
celles de derrière, tortues, courbées en arrière, munies de cinq doigts, avec de gros
ongles pointus, presque semblables à celles

des oies ou plutôt des taupes. Celles de derrière sont aussi tortues et armées d'ongles,
mais tellement recourbées en arrière, qu'elles
semblent se confondre avec sa queue four-
chue, de plus palmées pour la nage : enfin
tout son attirail de jambes est si singulier,
qu'à ne le voir qu'en peinture, on croirait
qu'il n'en a point du tout ; et qu'en effet on
a pris ce qui les représentait pour la figure
d'un paquet de nageoires tronquées, du moins
celles de devant, et celles de derrière pour
une partie de la queue. On croirait encore
qu'un animal si peu fait pour marcher, soit
sur la glace, la terre ou le sable, ne saurait
vivre que dans la mer ; cependant il ne laisse
pas de passer hors de l'eau, c'est-à-dire,
sur la terre ou sur la glace, la plus grande
partie de l'été, n'allant à l'eau que pour chercher de la proie : sa femelle met bas à terre
et y élève même ses petits. A l'aide de ses
ongles crochus, il peut grimper sur le haut
des rochers et des montagnes de glaces où
il se repose et dort : puis quand il veut descendre, il se lance à l'eau du sommet de ces
hauteurs, ou s'y laisse tomber. Ce que l'on
croirait encore moins et qui n'est pas moins
vrai cependant, c'est que, tout estropié qu'il
paraît, il ne laisse pas de sauter et de ramper
assez vîte sur la glace, pour que le Groënlan-
dais le plus alerte ait beaucoup de peine à
l'atteindre. Au reste, ces peuples en tirent

beaucoup d'avantages ; ils en mangent la chair et la graisse, et se vêtissent de la peau : les Esquimaux en font de même aussi bien que d'autres nations sauvages de ces contrées. Cette chair est rouge, tendre, succulente, grasse, et se mange tant fraîche que fumée.

On en mange de même le lard qui a deux ou trois doigts d'épaisseur, ou l'on en brûle une partie dans les lampes en guise d'huile. Enfin l'on emploie la peau à faire des habits, des camisoles, des bonnets, des culottes, des bottes, des souliers, des courroies, des cordes, des outres, et même à faire de petits canots nommés cayaques, ou du moins à les revêtir par dehors et par dedans : ces peuples en recouvrent aussi leurs cabanes d'été, et en vendent une infinité aux Européens, qui à leur tour s'en servent pour recouvrir des coffres et des malles, à faire des garnitures de bonnets, des tabatières. Les Phocas sont pour les peuples indiens du Nord une ressource si nécessaire, que s'ils en étaient privés, il faudrait qu'ils périssent de faim et de froid ; aussi ces animaux utiles sont-ils extrêmement multipliés. Outre les milliers nombreux qu'en tuent les Islandais, les Groenlandais, les Esquimaux et les Kamtchadales, combien n'en assomment pas encore les Norwégiens, les Russes, les Suédois, les Danois, les Hollandais, les Hambourgeois, les Anglais, et les autres peuples qui vont à la pêche de la baleine, et qui, lorsqu'ils n'en trouvent point, s'en vengent sur la race des Phoques, en faisant une guerre peu glorieuse à ces animaux lourds et sans défense. On peut compter qu'il s'en tue au moins cinquante mille tous les ans. La plupart du temps on les surprend endormis sur la glace, et l'on a le temps d'en tuer des centaines avant que les autres songent à s'éveiller, tant ils dorment profondément, sans souci, sans inquiétude, sans avoir même le soin de se garder en plaçant des sentinelles. Cependant ils mordent cruellement quand ils peuvent attraper les jambes ou les mains de quelqu'un : mais on ne les laisse pas approcher de si près, de façon qu'ils sont réduits à se jeter sur les bâtons qu'ils coupent souvent en deux, quoique gros comme le bras : du reste il font un bruit affreux, les gros aboyant comme des chiens enroués, et les jeunes miaulant comme des chats. Il suffit de leur appliquer quelques coups de bâton sur le nez pour les faire tomber morts ou à demi-morts, et sur-le-champ on les égorge, on les écorche, on leur coupe le lard, on en remplit des tonnes, et on l'emporte pour le faire fondre et en faire de l'huile de poisson. Ils ont la vie si dure, que souvent, lorsqu'ils sont déjà écorchés tout-à-fait ou à demi, ou avec le crâne brisé, ils se débattent encore, font des sauts considérables et veulent mordre les gens. Les nations européennes que nous avons nommées.

mettent en mer tous les ans plusieurs bâti-
ments pour aller à cette chasse ; et comme
le bâton est le principal instrument qu'on y
emploie, on leur donne dans leurs langues le
nom d'assommeurs de phoques. L'huile que
l'on tire de ces animaux a le goût et les qualités de la vieille huile d'olive ; mais on dit
que celle des jeunes n'a ni odeur ni goût
fort, de sorte qu'elle est aussi bonne que
l'huile d'olive fraîche.

LE LÉZARD VOLANT.

On les a nommés quelquefois dragons volants et serpents volants ; mais il n'y a pas plus
de serpents volants que de serpents naturellement cornus, ou encore de serpents à deux
têtes, quoiqu'il y en ait une espèce dont la
queue est grosse et renflée au lieu d'être poin-
tue, et qui marche en avant et en arrière à
volonté. Les dragons volants ne sont que des
lézards qui ont des espèces d'ailes à peu près
comme les chauve-souris, au moyen desquelles ils peuvent sauter lestement d'un arbre
sur un autre, et de terre sur les arbres, mais
non pas voler aussi librement que les oiseaux,
et se mouvoir comme eux dans l'atmosphère ;
ce qui a suffi cependant pour leur faire donner le nom de lézards volants. Ils se trouvent
dans l'Afrique et dans les Indes. n'ont tout au

plus que la longueur du doigt, ressemblent presqu'en tout aux lézards ordinaires, et mangent des mouches et d'autres petits insectes. Autrefois on avait la simplicité de croire qu'il y avait de certains animaux hideux dont le corps ressemblait aux lézards, avec une queue de serpent, une grosse tête, une large gueule, deux pieds et deux ailes avec lesquelles ils volaient en liberté. On leur donnait la longueur de vingt à quarante pieds, quelquefois sept têtes montées sur sept cous fort longs. De plus, ils passaient pour des animaux cruels et terribles.

LE PAON.

Ce bel oiseau joint à l'élégance de sa taille

et à la richesse de son pennage une démarche grave, majestueuse. Fier de sa brillante
parure, il porte sa tête avec dignité, et lorsqu'il voit les yeux tournés sur lui, il semble
enfler d'orgueil ; c'est alors qu'il étale avec
pompe en forme d'éventail les plumes de sa
queue, dont les compartiments d'or et d'azur,
les yeux, les nuances frappées des rayons du soleil, font un spectacle éblouissant. C'est sous cet
aspect éclatant qu'il se présente aux yeux de
sa femelle pour la séduire. Celle-ci n'est pas à
beaucoup près si riche en couleurs. Ces oiseaux, dit-on, nous viennent des Indes. Ils
étaient si rares autrefois, qu'on n'en voyait
que chez les princes. Ils se sont bien natura-
lisés dans nos climats. Devenus nos oiseaux
domestiques, ils sont comme les oies, des sentinelles vigilantes. Leur cri triste et désagréable, fait oublier la beauté de leurs plumes.
Le Paon vit d'orge et autres graines ; aussi
lubrique que le coq, il peut fournir à six femelles : celles-ci pondent six œufs à la première couvée, et douze aux autres. Les petits
sont difficiles à élever. La femelle a grand soin
de cacher son nid, car le mâle trop ardent,
s'il ne rencontre pas de femelle qu'il puisse
cocher, attaque celle qui couve et casse ses
œufs. Les Paons, à l'aide de leurs grandes
ailes, se perchent sur les arbres et sur les
toits, dégradent les tuiles, et causent du dé-
gât dans les jardins. Les Paons blancs sont

fort communs dans les pays du nord. Celui du Japon est d'une rare beauté. Dans le royaume d'Angola, les plumes du Paon servent à faire les parasols et enseignes du roi. Les Paons du royaume de Cambayes sont farouches, et fuient dans les broussailles à l'approche du chasseur. La nuit ils se perchent sur les arbres. Pour les prendre, on se sert d'une bannière où sont représentés des Paons. Au haut d'un bâton sont des chandelles allumées. On approche de l'endroit où repose le Paon. Celui-ci, surpris par la lumière, allonge le cou jusque sur le bâton, et se prend ainsi dans un nœud coulant que tire celui qui tient la bannière. En général la chair du Paon est sèche, dure et de difficile digestion.

LE COQ D'INDE.

Cet oiseau, transporté des Indes occidentales, s'est naturalisé dans nos climats, supporte assez bien le froid et les frimats, surtout l'espèce à plumes grisâtres. C'est dans l'hiver qu'il engraisse. Pour les rendre plus robustes et endurcis au froid, on assure qu'il faut les plonger dans l'eau à l'instant de leur naissance. La femelle, nommée Dinde ou poule d'Inde, pond à la fin de l'hiver et à

à fin de l'été, quinze œufs chaque fois, et peut en couver vingt-cinq à la fois. Les Dindonneaux sont délicats à élever. Leur première nourriture consiste dans du pain avec du vin ou du cidre. Plus forts, on leur donne une pâtée de farine et d'orties hâchées. Au bout d'un mois, ils sont en état d'aller aux champs. Le Dindon a besoin de boire, surtout dans les grandes chaleurs. La couleur rouge, dit-on, les fait entrer en fureur. Lorsqu'il mange, sa roupie se raccourcit. On le voit quelquefois se pavaner en étalant sa queue en forme de roue, d'où est venu le proverbe trivial, fier comme un Coq d'Inde. Les Dindons chaponnés s'engraissent avec la pâtée d'orties, de son et d'œufs. Les habitants de la Louisiane vont à la chasse des Dindons sauvages dans les champs couverts d'orties. Lorsqu'ils sont poursuivis de trop près, ils se perchent sur les arbres voisins. S'ils échappent à la gueule du chien, ils ne sont pas à l'abri du fusil du chasseur qui peut les tuer l'un après l'autre sans qu'ils s'envolent. Le plumage de cet oiseau est assez beau. Les naturels du pays prennent les longues plumes de la queue pour faire des parasols et des éventails. Les petites plumes sont employées à faire des mantes d'hiver.

FIN.

Limoges. — Imp E. Ardant et Cie.